W0196789

Merten/Niederle

Standardfälle
Zivilrecht
für Anfänger

6. Auflage 2011

ISBN 978-3-86724-000-0

6. Auflage 2011

© 2011 niederle media

Bezug möglich direkt vom Verlag
niederle media
48341 Altenberge
Fax (02505) 93 98 99
E-Mail: info@niederle-media.de
www.niederle-media.de

▶ Inhalt

▶ Standardfälle für Anfänger

▶ Vorwort

Dieses Fallbuch ist gedacht als Einführung in Fälle aus dem Allgemeinen Teil des BGB und aus dem Schuldrecht, die typischerweise Gegenstand der ersten BGB-Klausuren sind. Es wird nicht nur von Jura-, sondern z.b. auch von BWL-, Nebenfach- und Fernstudenten (z.b. Master of Laws) wegen seiner gut verständlichen Darstellung gerne verwendet.

Der Name **niederle media** steht für Skripten, die zu einem großen Teil von Autoren mit mehrjähriger Lehr-Erfahrung als Hochschullehrer oder AG-Leiter verfasst wurden und die

* klausurrelevante Themen *kompakt* darstellen,

* meist in 1-2 Tagen und demnach *zeitsparend* durchgearbeitet werden können,

* so *verständlich* sind, dass auch Anfänger damit regelmäßig auf Anhieb klarkommen,

* *Fallbeispiele, Übersichten* und *Schemata* enthalten,

* sehr *erschwinglich* sind (ab 7 €).

Aufgrund dieser Eigenschaften sind unsere Skripten hervorragend geeignet für den ersten, unkomplizierten Einstieg in die Materie oder für eine schnelle Wiederholung kurz vor der Prüfung. Dafür drücke ich schon jetzt ganz fest die Daumen,

Jan Niederle

▶ Unsere 📖 Skripten 📑 Karteikarten 𝄞 Hörbücher (CD & MP3)

Zivilrecht

- 📖 Standardfälle für Anfänger (7,90 €)
- 📖 Grundlagen und Fälle BGB für 1. und 2. Sem. (9,90 €)
- 📖 𝄞 Standardfälle BGB AT (7,90 €)
- 📖 𝄞 Standardfälle Schuldrecht (7,90 €)
- 📖 Standardfälle Ges. Schuldverh., §§ 677, 812,823 (7,90 €)
- 📖 𝄞 Standardfälle Sachenrecht (7,90 €)
- 📖 Standardfälle Familien- und Erbrecht (7,90 €)
- 📖 Originalklausuren Übung für Fortgeschrittene (7,90 €)
- 📖 𝄞 Basiswissen BGB (AT) (Frage-Antwort) (7 €)
- 📖 𝄞 Basiswissen SchuldR (AT) 📖 𝄞 SchuldR (BT) (7 €)
- 📖 𝄞 Basiswissen Sachenrecht, 📖 𝄞 FamR, 📖 𝄞 ErbR
- 📖 Einführung in das Bürgerliche Recht (7,90 €)
- 📖 Studienbuch BGB (AT) (9,90 €)
- 📖 Studienbuch Schuldrecht (AT) (9,90 €)
- 📖 Schuldrecht (BT) 1 - §§ 437, 536, 634, 670 ff. (7,90 €)
- 📖 Schuldrecht (BT) 2 - §§ 812, 823, 765 ff. (7,90 €)
- 📖 SachenR 1 – Bewegl. S., 📖 SachenR 2 – Unb. S. (7,9 €)
- 📖 Familienrecht und 📖 Erbrecht (Einführungen) (7,90 €)
- 📖 Streitfragen Schuldrecht (7 €)
- 📖 𝄞 Definitionen für die Zivilrechtsklausur (9,90 €)

Strafrecht

- 📖 𝄞 Standardfälle für Anfänger Band 1 (9,90 €)
- 📖 Standardfälle für Anfänger Band 2 (7,90 €)
- 📖 Standardfälle für Fortgeschrittene (9,90 €)
- 📖 𝄞 Basiswissen Strafrecht (AT) (Frage-Antwort)
- 📖 𝄞 Basiswissen Strafrecht BT 1 und 📖 𝄞 BT 2 (7 €)
- 📖 Strafrecht (AT) (7,90 €)
- 📖 Strafrecht (BT) 1 – Vermögensdelikte (7,90 €)
- 📖 Strafrecht (BT) 2 – Nichtvermögensdelikte (7,90 €)
- 📖 𝄞 Definitionen für die Strafrechtsklausur (7,90 €)
- Irrtümer und Änderungen vorbehalten!

Öffentliches Recht

- 📖 Standardfälle Staatsrecht I – StaatsorgaR (9,90 €)
- 📖 Standardfälle Staatsrecht II – Grundrechte (9,90 €)
- 📖 𝄞 Standardfälle f. Anfänger (StaatsorgaR u. GRe) (7,9 €)
- 📖 Standardfälle Verwaltungsrecht (AT) (9,90 €)
- 📖 Standardfälle Polizei- und Ordnungsrecht (7,90 €)
- 📖 Standardfälle Baurecht (9,90 €)
- 📖 Standardfälle Europarecht (9,90 €)
- 📖 Standardfälle Kommunalrecht (7,90 €)
- 📖 𝄞 Basiswissen StaatsR I –StaatsorgaR (Fr-Antw.) (7 €)
- 📖 𝄞 Basiswissen StaatsR II –GrundR (Frage-Antw.) (7 €)
- 📖 Basiswissen VerwaltungsR AT– (Frage-Antwort) (7 €)
- 📖 Studienbuch Staatsorganisationsrecht (9,90 €)
- 📖 Studienbuch Grundrechte (9,90 €)
- 📖 Studienbuch Verwaltungsrecht AT (9,90 €)
- 📖 Studienbuch Europarecht (12 €) u. 𝄞 Basiswissen EuR
- 📖 Staatshaftungsrecht (9,90 €)
- 📖 VerwaltungsR AT 1 – VwVfG u. 📖 AT 2–VwGO (7,90 €)
- 📖 VerwaltungsR BT 1 – POR (7,90 €)
- 📖 VerwaltungsR BT 2 – BauR 📖 BT 3 – UmweltR (7,90 €)
- 📖 𝄞 Definitionen Öffentliches Recht (9,90 €)

Steuerrecht

- 📖 Abgabenordnung (AO) (8,90 €)
- 📖 Einkommensteuerrecht (EStG) (9,90 €)
- 📖 Erbschaftsteuerrecht (9,90 €)
- 📖 Steuerstrafrecht/Verfahren/Steuerhaftung (7,90 €)

Sozialrecht

- 📖 Kinder- und Jugendhilferecht (7,90 €)
- 📖 Sozpäd. Diagn.: SPFH & ambul. Hilfen d. KJH
- 📖 Sozialrecht (7,90 €)

Nebengebiete

- 📖 Standardfälle Handels- & GesellschaftsR (7,90 €)
- 📖 Standardfälle Arbeitsrecht (7,90 €)
- 📖 Standardfälle ZPO (8,90 €)
- 📖 𝄞 Basiswissen HandelsR (Frage-Antwort) (7 €)
- 📖 𝄞 Basiswissen Gesellschaftsrecht (Fra.-Antwort)
- 📖 𝄞 Basiswissen ZPO (Frage-Antwort) (7,90 €)
- 📖 𝄞 Basiswissen StPO (Frage-Antwort) (7 €)
- 📖 Handelsrecht (7,90 €)
- 📖 Gesellschaftsrecht (7,90 €)
- 📖 Arbeitsrecht (7,90 €)
- 📖 Kollektives Arbeitsrecht (9,90 €)
- 📖 ZPO I – Erkenntnisverfahren (7,90 €)
- 📖 ZPO II – Zwangsvollstreckung (7,90 €)
- 📖 Strafprozessordnung – StPO (7,90 €)
- 📖 Einf. Internationales Privatrecht - IPR (9,90 €)
- 📖 Standardfälle IPR (9,90 €)
- 📖 Einf. Internationales Wirtschaftsrecht (9,90 €)
- 📖 Insolvenzrecht (8,90 €)
- 📖 Gewerbl. Rechtsschutz/Urheberrecht (8,90 €)
- 📖 Wettbewerbsrecht (7,90 €)
- 📖 Ratgeber 500 Spezial-Tipps für Juristen (12 €)
- 📖 Mediation (7,90 €)

Karteikarten (je 8,90 €)

- 📑 Zivilrecht: BGB AT/Grundlagen/ 𝄞 Schemata
- 📑 Strafrecht: AT/BT-1/BT-2/Streitfragen
- 📑 Öffentliches Recht: StaatsorgaR/GrundR/VerwR

Assessorexamen

- 📖 Die Relationstechnik (7 €)
- 📖 Der Aktenvortrag im Strafrecht (7,90 €)
- 📖 Der Aktenvortrag im Wahlfach Strafrecht
- 📖 Der Aktenvortrag im Zivilrecht (7,90 €)
- 📖 Der Aktenvortrag im Öffentlichen Recht (7,90 €)
- 📖 Urteilsklausuren Zivilrecht (7,90 €)
- 📖 Staatsanwaltl. Sitzungsdienst & Plädoyer (7,90 €)
- 📖 Die strafrechtliche Assessorklausur (7,90 €)
- 📖 Die Assessorklausur VerwR Bd. 1 (7,90 €)
- 📖 Die Assessorklausur VerwR Bd. 2 (7,90 €)
- 📖 Zwangsvollstreckungsklausuren (7,90 €)
- 📖 Vertragsgestaltung in der Anwaltsstation (7 €)

BWL

- 📖 Einführung i. die Betriebswirtschaftslehre (7,90 €)
- 📖 Marketing (7 €)
- 📖 Organisationsgestaltung & -entwickl. (7,90 €)
- 📖 Internationales Management (7 €)
- 📖 Wie gelingt meine wiss. Abschlussarbeit? (7 €)

Irrtümer und Änderungen vorbehalten!

Schemata

- 📖 Die wichtigsten Schemata-ZivR,StrafR,ÖR (12 €)
- 📖 Die wichtigsten Schemata–Nebengebiete (9,90 €)

Irrtümer und Änderungen vorbehalten!
𝄞 bedeutet: auch als **Hörbuch** (Audio-CD oder MP3) lieferbar!

Im niederle-shop.de bestellte Artikel treffen idR *nach 1-2 Werktagen* ein!

Fall 1: Ein vergebliches Angebot

▶ **Standort:** Angebot und Annahme, invitatio ad offerendum

Naddi (N) geht in das Elektrogeschäft des V und fragt: "Haben Sie auch günstige DVD-Recorder?". Ohne eine Antwort abzuwarten, entdeckt sie von selbst im auch von innen einsehbaren Schaufenster einen DVD-Recorder zum Preis von 119 €. Sie erklärt, dass sie das Gerät kaufe, und es auch sofort mitnehmen und bezahlen wolle. V weigert sich, weil er dieses Gerät kurz zuvor an Dieter (D) verkauft hat und nur noch nicht dazu gekommen ist, es aus dem Fenster zu nehmen. Kann die N Besitz- und Eigentumsübertragung am DVD-Recorder verlangen?

Anspruch der N gegen V aus § 433 I
Voraussetzung: wirksamer Kaufvertrag zwischen N und V durch Einigung
1. Angebot der N durch allgemeine Nachfrage im Geschäft des V (-)
2. Angebot des V durch Ausstellen des Recorders im Schaufenster (-); hier liegt nur eine invitatio ad offerendum vor
3. Angebot der N durch Erklärung, den Recorder kaufen zu wollen (+)
4. V hat das Angebot der N aber nicht angenommen
5. Ergebnis: Kein wirksamer Kaufvertrag zwischen N und V, daher kein Anspruch der N aus § 433 I auf Eigentums- und Besitzverschaffung

---

N könnte gegen V einen Anspruch aus § 433 I auf Eigentums- und Besitzverschaffung an dem DVD-Recorder haben.

Voraussetzung für einen Anspruch auf Eigentums- und Besitzverschaffung an dem DVD-Recorder ist, dass N und V einen **Kaufvertrag** geschlossen haben.

Dazu müssten N und V sich geeinigt haben. Eine **Einigung** kommt zustande durch zwei übereinstimmende Willenserklärungen, nämlich Angebot und Annahme, **§§ 145 ff.**

1) Ein **Angebot** zum Abschluss eines Kaufvert
darin zu sehen sein, dass N den V in dessen Ge
mein nach DVD-Recordern fragte.

> Ein **Vertragsangebot** ist die bestimmte Willenserklärung, durch die jemand einem anderen einen Vertragsschluss anbietet, so dass das Zustandekommen des Vertrages nur von der Zustimmung des Anderen abhängt. Der andere muss den Vertragsschluss durch ein bloßes „Ja" herbeiführen können.

Durch die Frage nach einem DVD-Recorder bekundete N ihr Interesse, ein solches Gerät zu kaufen. Jedoch war noch nicht klar, um *welchen bestimmten* DVD-Recorder es sich handelte und wie viel er kosten sollte.

Mit der Frage nach dem DVD-Recorder wollte N sich auch noch nicht in der Weise binden, dass V durch eine bloße Annahmeerklärung den Vertrag schließen konnte. Die Frage nach einem DVD-Recorder ist ferner noch nicht hinreichend bestimmt, um als Angebot zum Abschluss eines Kaufvertrages gelten zu können. *Somit* hat N mit ihrer Frage nach DVD-Recordern kein Angebot zum Abschluss eines Kaufvertrages abgegeben.

2) Das **Angebot** könnte **V** gemacht haben, als er den DVD-Recorder **im Schaufenster ausstellte.** V müsste mit dem Ausstellen des Gerätes erklärt haben, dass er mit jedem Kunden, der die Annahme erklärt, einen Kaufvertrag abschließen will, also einen sog. **Rechtsbindungswillen** besessen haben.

Ob eine derartige Willenserklärung vorliegt, ist durch **Auslegung** unter Berücksichtigung der Einzelumstände und der Verkehrssitte zu ermitteln. Es gelten dabei die **§§ 133, 157** entsprechend. Hierbei sind folgende Gesichtspunkte zu berücksichtigen:

- Stellt sich heraus, dass der Kunde nicht zahlen kann, will der Geschäftsinhaber in der Lage sein, das Zustandekommen des Kaufvertrages zu verhindern.

- Der Verkäufer wäre verpflichtet, an den Kunden zu liefern, auch wenn er die Ware bereits an einen anderen Kunden verkauft hätte.

- Kauft ein Konkurrent z.b. das gesamte Sonderangebot auf, will der Inhaber in der Lage sein, den Verkauf auf bestimmte Mengen zu begrenzen.

Unter Berücksichtigung dieser Einzelumstände, der Interessen des Verkäufers und der Verkehrssitte ergibt sich *also*, dass der Geschäftsinhaber mit der Auslage im Fenster **kein Angebot** zum Abschluss eines Kaufvertrages macht. Er fordert vielmehr seinerseits nur Kunden auf, ein Angebot zum Abschluss eines Kaufvertrages abzugeben, **sog. invitatio ad offerendum**. *Daher* enthält die Auslage im Fenster des V kein Angebot zum Abschluss eines Kaufvertrages.

3) Das **Angebot** zum Abschluss eines Kaufvertrages liegt in der Erklärung der N, sie wolle dieses bestimmte Gerät kaufen.

4) Fraglich ist, ob V dieses Angebot **angenommen** hat. Die Annahme ist eine Willenserklärung, durch die der Antragsempfänger dem Antragenden sein Einverständnis mit dem angebotenen Vertragsschluss zu verstehen gibt. V hat ein solches Einverständnis jedoch nicht erklärt.

5) Ergebnis: Es ist *folglich* kein Vertrag zustande gekommen. N hat *demnach* gegen V keinen Anspruch auf Übertragung des Eigentums am Recorder aus § 433 I.

Fazit: Das Ausstellen von Waren in Geschäften und Schaufenstern ist noch kein Angebot des Verkäufers, sondern eine bloße *invitatio ad offerendum*. Das Angebot gibt im Regelfall der Käufer ab, indem er erklärt, die Ware kaufen zu wollen.

Abwandlung 1

N ist immer noch auf der Suche nach einem DVD-Recorder. Sie entdeckt das *Zeitungsinserat* des V. Dort bietet er einen DVD-Recorder zum Preis von 199 € an. N ruft bei V an und erklärt, sie wolle das Gerät kaufen. V jedoch lehnt ab. N verlangt nun Übertragung des Eigentums am Recorder. Zu Recht?

N könnte gegen V einen Anspruch aus § 433 I auf Eigentums- und Besitzverschaffung an dem DVD-Recorder haben.

Voraussetzung für einen Anspruch auf Eigentumsverschaffung ist gemäß § 433 I, dass N und V einen **Kaufvertrag** geschlossen haben. Dazu müssten sie sich geeinigt haben. Eine **Einigung** kommt zustande durch zwei übereinstimmende Willenserklärungen, nämlich Angebot und Annahme, **§§ 145 ff.**

1) Ein **Angebot** zum Abschluss eines Kaufvertrages könnte im Zeitungsinserat des V zu sehen sein.

Ein Angebot ist die bestimmte Willenserklärung, durch die jemand einem anderen einen Vertragsschluss anbietet, so dass das Zustandekommen des Vertrages nur von der Zustimmung des anderen abhängt. Der andere muss den Vertragsschluss durch ein bloßes „Ja" herbeiführen können.

V müsste mit dem Zeitungsinserat erklärt haben, dass er mit jedem Interessenten, der die Annahme erklärt, einen Kaufvertrag abschließen will, d.h. er müsste einen entsprechenden **Rechtsbindungswillen** besessen haben.

Ob eine derartige Willenserklärung vorliegt, muss durch **Auslegung** gemäß §§ 133, 157 ermittelt werden. Würde es sich jedoch bereits um ein Angebot handeln, könnte eine unbegrenzte Zahl von Personen durch Annahme einen Vertragsschluss zustande bringen. Alle Verträge wären gültig.

Der Anbieter könnte nur einen einzigen Vertrag erfüllen und sich gegenüber den anderen Vertragspartnern wegen Nichterfüllung der Verträge schadenersatzpflichtig machen. Darüber hinaus will der Verkäufer vor Vertragsschluss wissen, ob der Käufer zur Zahlung in der Lage ist. Nur mit demjenigen, der zahlungskräftig ist, wird er einen Vertrag abschließen wollen.

Die Auslegung ergibt *also:* V wollte nicht mit jedem Interessenten abschließen, sondern nach Ablauf einer gewissen Zeit zwischen den verschiedenen Interessenten wählen. *Somit* enthielt das Zeitungsinserat kein Angebot zum Abschluss eines Kaufvertrages. V forderte damit nur seinerseits Interessenten auf, ein Angebot zum Abschluss eines Kaufvertrages zu machen, **sog. invitatio ad offerendum**.

2) Das **Angebot** zum Abschluss eines Kaufvertrages liegt in der Erklärung der N, sie wolle den Recorder kaufen.

3) V hat dieses Angebot nicht **angenommen**, da er nicht sein Einverständnis mit dem angebotenen Vertragsschluss erklärt hat.

4) Ergebnis: Es ist *folglich* kein Vertrag zustande gekommen. N hat *also* gegen V keinen Anspruch auf Übertragung des Gerätes aus § 433 I.

Fazit: Das Zeitungsinserat ist noch kein Angebot des Verkäufers, sondern eine bloße *invitatio ad offerendum*. Das Angebot gibt im Regelfall der Käufer ab, indem er erklärt, die Ware kaufen zu wollen.

Abwandlung 2

> N nimmt im Laden des V ein Verlängerungskabel aus einem Regal und legt es auf das Fließband an der Kasse. Auf dem Verlängerungskabel war ein Preis von 3,99 € angegeben. Der tatsächliche Preis beträgt 5,99 €. Als V für das Verlängerungskabel 5,99 € eintippen will, ist N empört. Sie ist nur bereit 3,99 € zu zahlen. Kann die N Übertragung des Verlängerungskabels zum Preis von 3,99 € verlangen?

N könnte gegen V einen Anspruch aus § 433 I auf Eigentums- und Besitzverschaffung an dem Verlängerungskabel haben.

Voraussetzung für einen Anspruch auf Eigentums- und Besitzverschaffung an dem Verlängerungskabel ist, dass N und V einen **Kaufvertrag** geschlossen haben. Dazu müssten sie sich geeinigt haben. Eine **Einigung** kommt zustande durch zwei übereinstimmende Willenserklärungen, nämlich Angebot und Annahme, §§ 145 ff.

1) Fraglich ist, ob V durch Auszeichnen und Einräumen der Ware in die Regale ein **Angebot** zum Abschluss eines Kaufvertrages abgegeben hat. Durch Auslegung gemäß §§ 133, 157 muss ermittelt werden, ob es sich dabei um ein Angebot oder lediglich um eine Aufforderung zur Offerte, sog. **invitatio ad offerendum** handelt.

Wäre bereits das Auszeichnen und Einräumen der Ware für den Inhaber rechtsbindend, könnte der Kunde allein entscheiden, ob der Kaufvertrag geschlossen wird. Der Inhaber des Geschäfts könnte dies, da er seine Erklärung schon abgegeben hätte, nicht mehr verhindern. Dagegen sprechen die schon im Grundfall dargelegten Argumente: Zum Beispiel möchte der Geschäftsinhaber bei Zahlungsunfähigkeit oder wenn ein Konkurrent das gesamte Sonderangebot kaufen will, in der Lage sein, das Zustandekommen des Kaufvertrags zu verhindern.

Somit stellt das Auszeichnen und Einräumen kein Angebot, sondern lediglich die Aufforderung des Inhabers an die Kundschaft dar, ihrerseits Angebote abzugeben, sog. **invitatio ad offerendum.** Ein Angebot gibt *also* grundsätzlich erst der Kunde mit Vorlage der Ware an der Kasse ab. Die Annahme durch den Verkäufer hingegen ist beim Eintippen in die Kasse anzunehmen.

2) N hat ein **Angebot** durch Vorlage des Verlängerungskabels an der Kasse zum Preis von 3,99 € abgegeben.

3) Fraglich ist, ob V dieses Angebot **angenommen** hat. V wollte den tatsächlichen Preis von 5,99 € in die Kasse eintippen.

> Enthält die Annahme gegenüber dem Angebot **Erweiterungen, Einschränkungen oder Ablehnungen,** bringt der Erklärende damit zum Ausdruck, dass er mit dem Angebot nicht einverstanden ist. Infolgedessen ist seine Erklärung nicht als Annahme, sondern als Ablehnung des Angebotes aufzufassen. Sie gilt nach **§ 150 II** als ein **neuer Antrag**, den der Partner annehmen oder ablehnen kann.

Diesen neuen Antrag des V hat die N nicht angenommen.

Ein Kaufvertrag ist *folglich* nicht geschlossen worden. N hat *demnach* keinen Anspruch auf Eigentums- und Besitzverschaffung an dem Verlängerungskabel aus § 433 I zum Preis von 3,99 €.

> **Fazit:** Im Selbstbedienungsladen gibt der Kunde ein Angebot durch Vorlage der Ware an der Kasse ab (a.A. vertretbar). Enthält eine Annahmeerklärung gegenüber dem Angebot Erweiterungen, Einschränkungen oder Ablehnungen, so ist § 150 II zu beachten!

Abwandlung 3

Die N wirft in den Süßwarenautomaten des V 4 € ein und entnimmt anschließend die vom Automaten ausgeworfene Schachtel. Ist ein Kaufvertrag zwischen N und V zustande gekommen?

Zwischen N und V könnte ein Kaufvertrag zustande gekommen sein.

Dazu müssten V und N sich geeinigt haben. Eine **Einigung** kommt zustande durch zwei übereinstimmende Willenserklärungen, nämlich Angebot und Annahme, §§ 145 ff.

1) Ein **Angebot** zum Abschluss eines Kaufvertrages könnte im Aufstellen des Automaten durch V zu sehen sein.

Ein Angebot ist die bestimmte Willenserklärung, durch die jemand einem anderen einen Vertragsschluss anbietet, so dass das Zustandekommen des Vertrages nur von der Zustimmung des anderen abhängt. Der andere muss den Vertragsschluss durch ein bloßes „Ja" herbeiführen können.

Der Aufsteller eines Warenautomaten gibt durch das Aufstellen des Automaten ein sog. Angebot **ad incertas personas**, d.h. an einen unbestimmten Personenkreis ab. Dieses Angebot steht allerdings unter der **Bedingung**, dass der Käufer das *vorgeschriebene Geldstück* einwirft, die Ware *vorrätig* und der Automat *funktionsfähig* ist.

2) N hat das Angebot des V durch Einwurf der 4 € **angenommen.**

3) **Ergebnis:** Zwischen V und N ist ein Kaufvertrag zustande gekommen.

Fazit: Beim Warenautomaten liegt ein **Angebot ad incertas personas** vor.

Abwandlung 4

> Die N sieht auf dem Preisschild, das an der Tankstelle des V steht, dass der Liter Diesel dort nur 1,30 € kostet. Sie betankt ihren Wagen, geht zur Kasse und bezahlt. Ist ein Kaufvertrag zwischen N und V zustande gekommen?

Zwischen N und V könnte ein Kaufvertrag zustande gekommen sein.

Dazu müssten V und N sich geeinigt haben. Eine **Einigung** kommt zustande durch zwei übereinstimmende Willenserklärungen, nämlich Angebot und Annahme, **§§ 145 ff.**

1) Ein **Angebot** zum Abschluss eines Kaufvertrages liegt noch nicht im Aufstellen des Preisschildes durch V. Dies stellt eine bloße *invitatio ad offerendum* dar.

2) Umstritten ist bei *Selbstbedienungstankstellen*, wer wann ein Angebot abgibt und wann dieses angenommen wird:

- Nach einer Ansicht ist dieser Fall mit den Warenautomatenfällen zu vergleichen. Indem der Tankstellenbetreiber die Zapfsäule bereitstelle, gebe er ein Angebot *ad incertas personas* ab. Folgt man dieser Ansicht, hat V schon durch das Bereitstellen der Zapfsäule ein Angebot abgegeben. N hat es durch Betanken des Wagens angenommen.

- Nach einer anderen Ansicht erfolgt das Angebot auf Abschluss des Kaufvertrages erst viel später durch den Kunden, nämlich dann, wenn er zum Bezahlen an der Kasse erscheine. Folgt man dieser Ansicht, hat die N an der Kasse ein Angebot abgegeben, welches V angenommen hat.

Nach beiden Meinungen liegt ein wirksames Angebot und eine Annahme vor. Eine Streitentscheidung ist daher entbehrlich.

3) Ergebnis: Zwischen N und V wurde ein wirksamer Kaufvertrag geschlossen.

Abwandlung 5

Die N erhält von Unternehmer V den Roman „Alleine im Dschungel" zugesandt, obwohl sie diesen gar nicht bestellt und mit V noch nie Kontakt hatte. Beigefügt ist eine Rechnung des V über 19 €, die die N so schnell wie möglich begleichen soll. N liest neugierig den Roman, bezahlt aber nicht. Vier Wochen später erhält N ein Schreiben von R, dem Rechtsanwalt des V. Darin steht, dass V entweder einen Anspruch auf Kaufpreiszahlung aus § 433 II oder alternativ aus § 985 auf Herausgabe des unter Eigentumsvorbehalt gelieferten Buchs habe. N will nun von ihrem Anwalt wissen, ob dies zutrifft.

I. V könnte gegen N einen Anspruch aus § 433 II auf Kaufpreiszahlung haben.

Voraussetzung ist, dass N und V einen **Kaufvertrag** geschlossen haben. Dazu müssten sie sich geeinigt haben. Eine **Einigung** kommt zustande durch zwei übereinstimmende Willenserklärungen, nämlich Angebot und Annahme, **§§ 145 ff**.

1) Ein **Angebot** zum Abschluss eines Kaufvertrages hat der V abgegeben, indem er der N das Buch zusandte.

2) N müsste das Angebot des V **angenommen** haben.

a) *Ausdrücklich* hat die N das Angebot des V nicht angenommen.

b) Ihrem **Schweigen** kann auch nicht entnommen werden, dass sie das Angebot des V annehme.

> **Schweigen** lässt regelmäßig nicht den Schluss auf eine Willenserklärung zu. Ausnahmen hierzu finden sich lediglich in §§ 108 II 2, 177 II 2 BGB und § 362 HGB, die hier nicht einschlägig sind.

c) Eine *konkludente* Annahmeerklärung könnte hier darin zu erblicken sein, dass die N das Buch las. Zu berücksichtigen ist jedoch § 241 a I.

> **§ 241 a I** legt ausdrücklich fest, dass durch die Lieferung unbestellter Sachen oder durch die Erbringung unbestellter sonstiger Leistungen durch einen Unternehmer an einen Verbraucher ein Anspruch gegen diesen nicht begründet wird.

§ 241a ist nur **anwendbar**, wenn die N Verbraucherin und der V Unternehmer war.

> **Verbraucher** ist jede natürliche Person, die ein Rechtsgeschäft zu einem Zweck abschließt, der weder ihrer gewerblichen noch ihrer selbstständigen beruflichen Tätigkeit zugerechnet werden kann, § 13.

> **Unternehmer** ist eine natürliche oder juristische Person oder eine rechtsfähige Personengesellschaft, die bei Abschluss eines Rechtsgeschäfts in Ausübung ihrer gewerblichen oder selbstständigen beruflichen Tätigkeit handelt, § 14 I.

Vorliegend handelte die N nicht in Ausübung einer gewerblichen oder selbstständigen beruflichen Tätigkeit und war *also* Verbraucherin. V war laut Sachverhalt Unternehmer. § 241 a ist *also* anwendbar.

Streitig ist, ob § 241 a I eine konkludente Annahme ausschließt. Der Schutzzweck des § 241 a I besteht darin, den Verbraucher vor Ansprüchen, die durch Zusendung unbestellter Waren u. U. entstehen könnten, zu schützen. Dieser Schutzzweck würde unterlaufen, wenn bereits das Gebrauchen der Sache - hier Lesen - als konkludente Annahme des Vertrags einzuordnen wäre (and. Ansicht auch vertretbar).

3) Ergebnis: Mangels Annahmeerklärung der N ist ein Kaufvertrag zwischen V und N nicht zustande gekommen. V hat daher gegen N keinen Anspruch aus § 433 II auf Kaufpreiszahlung.

II. V könnte gegen N einen Anspruch aus § 985 auf Herausgabe des Buchs haben.

1) Das Buch ist eine **Sache** gemäß § 90, die N ist **Besitzerin** des Buchs gemäß § 854 I.

2) V müsste **Eigentümer** des Buchs sein. Ursprünglich war V Eigentümer. Er könnte sein Eigentum jedoch gemäß § 929 S. 1 an die N verloren haben.

Voraussetzung hierfür ist zunächst, dass V und N sich über den **Übergang des Eigentums geeinigt** haben. Eine Einigung kommt zustande durch zwei übereinstimmende Willenserklärungen, nämlich Angebot und Annahme.

Ein **Angebot** auf Übereignung hat V der N konkludent gemacht, indem er ihr das Buch zuschickte. Allerdings erfolgte dieses Angebot unter **Eigentumsvorbehalt.** Das bedeutet, dass eine Einigung über den Eigentumsübergang nur unter der *aufschiebenden Bedingung* geschlossen werden sollte, dass N den Kaufpreis vollständig an V zahlte, **§§ 929 Satz 1, 158 I, 449.**

N hat den Kaufpreis an V nicht gezahlt, so dass V weiterhin Eigentümer des Buchs ist.

3) Die N dürfte **kein Recht** zum Besitz haben, **§ 986 I.** Ein solches Recht zum Besitz ist jedoch nicht ersichtlich. Insbesondere besteht zwischen V und N kein Kaufvertrag (s.o.).

4) Die Voraussetzungen des § 985 sind damit gegeben. Einem Anspruch aus § 985 steht jedoch § 241a I entgegen. Dieser stellt klar, dass Ansprüche gegen den Verbraucher durch Zusendung unbestellter Ware nicht begründet werden. Daher ist auch der Anspruch aus § 985 ausgeschlossen.

5) Ergebnis: Der V ist zwar weiterhin Eigentümer, kann das Buch aber trotzdem nicht von N gemäß § 985 herausverlangen.

Fazit: Wenn *unbestellt* Waren zugesandt werden, gilt das bloße Schweigen des Empfängers nicht als Annahme. Der § 241a I führt dazu, dass der Verkäufer gegen den Empfänger der Ware keine Ansprüche hat. § 241a ist allerdings nur anwendbar, wenn ein Unternehmer (§ 14) an einen Verbraucher (§ 13) geliefert hat. Wenn *zwei Unternehmer* handeln, ist § 241a also nicht anwendbar!

Abwandlung 6

Die N bestellt im Online-Shop des V das Buch „Alleine im Dschungel" indem sie es in den „Warenkorb" legt und auf den Button *„Bestellung absenden"* klickt. V schickt der N das Buch. Kann V Kaufpreiszahlung verlangen?

V könnte gegen N einen Anspruch aus § 433 II auf Kaufpreiszahlung haben.

Voraussetzung ist, dass N und V einen **Kaufvertrag** geschlossen haben. Dazu müssten sie sich geeinigt haben.

Eine **Einigung** kommt zustande durch zwei übereinstimmende Willenserklärungen, nämlich Angebot und Annahme, **§§ 145 ff.**

> **Tipp:** Das Angebot von Waren auf einer Internetseite stellt idR lediglich eine *invitatio ad offerendum* dar. Ansonsten wäre der Shopbetreiber ja bereits mit der Bestellung des Kunden vertraglich gebunden. Der Shopbetreiber will aber idR selbst entscheiden, mit wem er einen Vertrag schliesst (Personen mit negativem Schufa-Eintrag wird er wohl ablehnen) und vorab prüfen, ob der bestellte Artikel auch lieferbar ist.

1) Die N hat ein **Angebot** gemäß § 145 abgegeben, indem sie auf „Bestellung absenden" klickte.

2) V hat dieses Angebot konkludent **angenommen**, indem er das Buch zum Versand brachte. Da eine Benachrichtigung des Käufers im Versandhandel nicht üblich ist, war der *Zugang* seiner Annahmeerklärung an N gemäß § 151 entbehrlich.

> **Tipp:** Stellt man nicht auf § 151 ab, so würde der N die konkludente Annahmeerklärung des V spätestens mit Eintreffen des Buchs zugehen. Selbstverständlich kann ein Shopbetreiber auch Bestätigungs-Emails so formulieren, dass bereits diese eine Annahmeerklärung bezüglich des Vertrages darstellen. Automatisierte Antwort-Emails, die nach dem Empfängerhorizont lediglich den *Eingang der Bestellung bestätigen,* stellen aber keine Annahme des Angebots dar, vgl. NJW-RR 2003, 1206.

Ein Kaufvertrag wurde also geschlossen. Folglich kann V von N die Zahlung des Kaufpreises aus § 433 II fordern.

> **Fazit:** Wer etwas in einem Online-Shop bestellt, gibt regelmäßig ein Angebot ab. Gemäß § 151 ist der *Zugang* der Annahmeerklärung des Verkäufers in bestimmten Fällen entbehrlich. Jedoch muss der *Annahmewille* stets nach außen deutlich werden. Im Versandhandel wird dieser Wille regelmäßig dadurch nach außen deutlich, dass die Ware zum Versand gegeben wird.

▸ Literatur

📖 Skript „**Einführung in das Bürgerliche Recht**", Lektion 2

📖 Meyer, **JA** 1997, 942 (Anfänger-Klausur)

📖 Scherer, **Jura** 1992, 606 (Anfänger-Klausur)

📖 Schwarz, **JuS** 1987, Lernbogen (am Ende der JuS) L 85 (A-Klausur)

📖 Annuß, **JA** 1996, 849 (Anfänger-Klausur)

📖 Koch/Schimmel, **JA** 2006, 190 (Fortg.-Klausur Internetkauf)

Fall 2: Wer zu spät kommt...

▸ **Standort:** Abgabe und Zugang von Willenserklärungen

Michael S. (S) möchte sich für seinen privaten Gebrauch einen Mercedes kaufen. Er erklärt schriftlich, das kürzlich zusammen mit Autohändler V besichtigte S-Klasse-Modell zum Preis von 100.000 € kaufen zu wollen. Den Brief übergibt er seiner Frau mit der Bitte, ihn zur Post zu bringen, was diese auch tut. Der Brief wird um 9.00 Uhr des nächsten Morgens von Briefträger B bei V eingeworfen. In der Zwischenzeit hat S sich aber überlegt, dass es für sein Image nicht gut ist, mit einem Mercedes zu fahren. S faxt dem V um 13 Uhr, dass das Angebot keine Gültigkeit mehr habe. Zu diesem Zeitpunkt hat V den Brief noch nicht gelesen, da er bis zum Mittag geschäftlich unterwegs war. V lässt sich den Brief vorlegen, erklärt die Annahme und verlangt nun Zahlung der 100.000 €. Zu Recht?

Anspruch des V gegen S aus § 433 II auf Zahlung von 100.000 €
Voraussetzung: wirksamer Kaufvertrag zwischen V und S
1. Einigung zwischen V und S
  a) Angebot des S
    aa) Abgabe des Angebots
    bb) Zugang des Angebots
      (1) Zugang (+)
      (2) Wirksamer Widerruf durch S, § 130 I 2 ?
        Problem: Ist ein Widerruf rechtzeitig erfolgt, wenn er dem Empfänger vor der schon zugegangenen Willenserklärung (Angebot) zur Kenntnis gelangt? Nach h.M. (-)
  b) Annahme des Angebots durch V
2. Unwirksamkeit des Angebots wegen Anfechtung des S, § 142 I (-)
  a) Konkludente Anfechtungserklärung des S (+)
  b) Anfechtungsgrund
    aa) § 119 (-), da ein Irrtum des S nicht vorliegt
    bb) § 120 (-), da keine unrichtige Übermittlung der Ehefrau
    cc) §§ 119, 120 analog (-), da keine Regelungslücke vorliegt
3. Ergebnis: Der Vertrag ist wirksam, der Anspruch des V aus § 433 II besteht

V könnte gegen S einen Anspruch aus § 433 II auf Zahlung von 100.000 € haben.

Voraussetzung für die Entstehung des Kaufpreisanspruchs ist, dass V und S einen wirksamen **Kaufvertrag** geschlossen haben.

1) Dazu müssten V und S sich **geeinigt** haben. Eine Einigung kommt zustande durch zwei übereinstimmende Willenserklärungen, nämlich Angebot und Annahme, §§ 145 ff.

a) S hat ein hinreichend bestimmtes **Angebot**, das Kaufgegenstand und Kaufpreis enthielt, formuliert. Dieses Angebot ist nur wirksam geworden, wenn es *abgegeben* worden und dem V *zugegangen* ist, § 130.

aa) S müsste dieses Angebot **abgegeben** haben.

Die **Abgabe** einer Willenserklärung liegt vor, wenn der Erklärende alles getan hat, damit das Schriftstück an den Empfänger gelangt.

S hat den Brief seiner Frau übergeben und sie beauftragt, den Brief zur Post zu bringen. Er hat damit alles getan, was zu tun war, damit mit dem Zugang des Briefes bei V unter regelmäßigen Umständen gerechnet werden konnte. S hat *somit* sein Angebot abgegeben.

bb) Ein Angebot wird gemäß § 130 I Satz 1 mit seinem **Zugang** wirksam.

(1) Zugang

Eine Erklärung ist **zugegangen**, wenn sie in verkehrsüblicher Art so in den Machtbereich des Empfängers gelangt, dass dieser unter normalen Umständen die Möglichkeit der Kenntnisnahme hat und mit einer Kenntnisnahme gewöhnlich auch zu rechnen ist.

Der Brief ist mit Einwurf in den Briefkasten des V in dessen *Machtbereich* gelangt. V hatte unter normalen Umständen auch die *Möglichkeit der Kenntnisnahme.*

Fraglich ist aber, wann mit einer Kenntnisnahme *gewöhnlich zu rechnen* war. Es kommt hierbei auf den Zeitpunkt an, in dem nach der *Verkehrsanschauung* mit der Kenntnisnahme (Entnahme des Briefs) zu rechnen war.

Private Haushalte erhalten meist nur einmal täglich Post, nämlich vom Postboten. Während man bei Privatpersonen durchaus argumentieren könnte, dass diese daher gewöhnlich erst in der Mittagszeit, nachdem der Postbote vor Ort gewesen ist, ihren Briefkasten leeren, wird man bei einem Geschäftsmann wohl davon ausgehen müssen, dass dieser schon am Morgen mit Beginn der Geschäftszeiten in seinen Briefkasten schaut. Daher ist der Brief des S dem V gegen 9 Uhr morgens zugegangen.

(2) Widerruf des S per Fax

Das Angebot des S ist nicht **wirksam** geworden, wenn dem V *vor* oder *mit Zugang* des Angebotes der **Widerruf** des S zugegangen ist, **§ 130 I Satz 2.**

Seinen Widerruf hat S dem V gegenüber per Fax um 13 Uhr erklärt. Problematisch könnte sein, dass V zu diesem Zeitpunkt den Brief des S noch nicht gelesen hatte. V hat also erst *nach* dem Zugang des per Fax erfolgten Widerrufes Kenntnis von dem Angebot (Brief des S) erhalten. Mit Rücksicht darauf könnte der Widerruf rechtzeitig erfolgt sein.

Sehr umstritten ist die Frage, welche Auswirkung ein Widerruf hat, welcher dem Empfänger *vor* der eigentlichen Willenserklärung (hier: Angebot per Brief) zur Kenntnis gelangt.

- Nach einer Ansicht soll der Widerruf rechtzeitig erfolgt sein. Folgt man dieser Ansicht, hat der S sein Angebot auf Abschluss des Kaufvertrages wirksam widerrufen.

- Die h.M. lehnt die Möglichkeit eines Widerrufs ab, wenn die Willenserklärung vor dem Widerruf bereits zugegangen ist. Das Angebot des S (Brief) ist dem V bereits um 9 Uhr mit Einwurf in seinen Briefkasten zugegangen, der Widerruf dagegen erst um 13 Uhr. Folgt man dieser Ansicht, konnte der S sein bereits am Morgen zugegangenes Angebot um 13 Uhr nicht mehr wirksam per Fax widerrufen.

- Stellungnahme: Nach dem **Wortlaut** des § 130 I S. 2 wird die zugegangene Willenserklärung nur dann nicht wirksam, wenn dem Empfänger *vorher* oder *gleichzeitig* ein Widerruf *zugeht*. Es ist also mit der h.M. allein auf den Zeitpunkt des Zugangs des Angebotes und nicht auf den der Kenntnisnahme abzustellen. *Somit* ist der Widerruf nicht rechtzeitig erfolgt. *Folglich* ist das Angebot des S nicht durch Widerruf unwirksam geworden.

cc) Ergebnis: S hat *daher* dem V ein Angebot gemacht, welches durch Abgabe und Zugang wirksam geworden ist.

b) Der V hat das Angebot angenommen. Somit ist der Kaufvertrag zustande gekommen.

2) Der Kaufvertrag ist unwirksam, wenn **Nichtigkeitsgründe** vorliegen. Das Angebot ist gemäß **§ 142 I** nichtig, wenn S es gemäß §§ 119 ff. angefochten hat. Dann entfällt rückwirkend der Kaufvertrag und der Zahlungsanspruch des V.

a) Die **Anfechtung** müsste gemäß § 143 I gegenüber dem Anfechtungsgegner **erklärt** worden sein. *Ausdrücklich* hat S die Anfechtung nicht erklärt. Erforderlich ist aber lediglich, dass der Erklärende zum Ausdruck bringt, dass er das Rechtsgeschäft gerade wegen des Willensmangels rückwirkend zu beseitigen wünscht. S hat durch sein Fax erklärt, dass er den Vertragsschluss nicht mehr wolle. Eine Anfechtungserklärung liegt *also* durch die *schlüssige* Erklärung des S vor.

b) Fraglich ist, ob dem S ein **Anfechtungsgrund** zusteht. Ein Anfechtungsgrund könnte sich aus § 119 oder § 120 ergeben.

aa) Die Erklärung des S ist gemäß § 119 I anfechtbar, wenn das Erklärte und das mit der Erklärung Gewollte im Zeitpunkt der Abgabe der Willenserklärung unbewusst nicht übereinstimmten. Bei der Abgabe der Erklärung wollte S dem V aber ein Angebot machen. Erst später hat er sich anders entschieden. Erklärtes und Gewolltes stimmten *demnach* im Zeitpunkt der Abgabe der Willenserklärung überein. *Somit* liegt der Anfechtungsgrund des § 119 I nicht vor.

bb) Ein **Anfechtungsgrund** nach § 120 besteht, wenn die zur Übermittlung verwendete Person die Willenserklärung unrichtig übermittelt hat. Die Frau des S hat sein Angebot aber nicht unrichtig übermittelt. Sie hat am Angebot keine inhaltliche Veränderung vorgenommen. Auch der Anfechtungsgrund gemäß § 120 scheidet *also* aus.

cc) Eine *analoge* Anwendung der §§ 119 I, 120 setzt eine **Regelungslücke** voraus. Der Gesetzgeber hat aber in § 130 eindeutig bestimmt, dass der Erklärende, der nach Abgabe seiner Willenserklärung den Willen ändert, das Wirksamwerden der Erklärung nur noch verhindern kann, wenn er den Zugang verhindert oder bewirkt, dass vor oder mit dem Zugang der abgegebenen Erklärung ein Widerruf zugeht.

Geschieht dies nicht, wird die zugegangene Erklärung wirksam. Eine Regelungslücke liegt *demnach* nicht vor, eine analoge Anwendung der §§ 119 I, 120 scheidet *also* aus. *Somit* steht dem S kein Anfechtungsgrund zu.

3) Ergebnis: V hat *folglich* gegen S einen Anspruch aus § 433 II auf Zahlung der 100.000 €.

Fazit: Wenn eine Willenserklärung bereits zugegangen ist, kann sie wegen des Wortlauts des § 130 I 2 nach h.M. nicht mehr widerrufen werden.

Abwandlung 1

Der S übergibt das Schreiben an V nicht seiner Frau F, sondern legt es auf seinen Schreibtisch, weil er über den Kauf noch einmal nachdenken möchte. Da F vermutet, dass ihr Mann vergessen hat, den Brief abzusenden, gibt sie ihn bei der Post auf. V erklärt die Annahme. Kann V Kaufpreiszahlung verlangen?

V könnte gegen S einen Anspruch aus § 433 II auf Kaufpreiszahlung haben.

Voraussetzung ist, dass S und V einen **Kaufvertrag** geschlossen haben. Dazu müssten sie sich geeinigt haben. Eine **Einigung** kommt zustande durch zwei übereinstimmende Willenserklärungen, nämlich Angebot und Annahme, **§§ 145 ff.**

1) S hat ein hinreichend bestimmtes **Angebot**, das Kaufgegenstand und Kaufpreis enthielt, formuliert. Dieses Angebot ist nur wirksam geworden, wenn es *abgegeben* worden und dem V *zugegangen* ist, § 130.

S müsste dieses Angebot **abgegeben** haben.

Die **Abgabe** einer Willenserklärung liegt vor, wenn der Erklärende alles getan hat, damit das Schriftstück an den Empfänger gelangt. Bei einer empfangsbedürftigen Willenserklärung ist außerdem erforderlich, dass diese *mit Willen* des Erklärenden in den Verkehr gebracht wird.

Das Angebot des S ist eine empfangsbedürftige Willenserklärung. S hat den Brief seiner Frau nicht übergeben und sie auch nicht beauftragt, den Brief zur Post zu bringen. S hat *somit* sein Angebot gar nicht abgegeben.

2) Ergebnis: Das Angebot des S ist mangels Abgabe nicht wirksam geworden. Daher konnte V es nicht annehmen. Folglich hat V gegen S keinen Anspruch auf Kaufpreiszahlung aus § 433 II.

Tipp: Sofern auch Schadensersatzansprüche des V gegen S zu berücksichtigen sind, sollte an **§ 122 analog** gedacht werden, der dem V einen Anspruch auf Ersatz des Vertrauensschadens (z.B. etwaige Porto- und Telefonkosten) gewährt.

Fazit: Wenn ein Angebot nicht mit Willen des Erklärenden in den Verkehr gelangt, ist es mangels Abgabe nicht wirksam.

Abwandlung 2

Der S schickt dem V sein Angebots-Schreiben. V seinerseits kommt persönlich zu S. S ist jedoch nicht zu Hause. Daher sagt der V dem vor dem Haus spielenden, sechsjährigen Sohn des S: „Sage bitte deinem Vater, dass ich sein Angebot annehme". Der Sohn vergisst dies. Kann V Kaufpreiszahlung fordern?

V könnte gegen S einen Anspruch aus § 433 II auf Kaufpreiszahlung haben.

Voraussetzung ist, dass S und V einen **Kaufvertrag** geschlossen haben. Dazu müssten sie sich geeinigt haben. Eine **Einigung** kommt zustande durch zwei übereinstimmende Willenserklärungen, nämlich Angebot und Annahme, **§§ 145 ff.**

1) S hat ein hinreichend bestimmtes **Angebot**, das Kaufgegenstand und Kaufpreis enthielt, formuliert. Dieses Angebot ist dem V auch zugegangen.

2) V müsste wirksam die **Annahme** des Angebots erklärt haben.

a) V hat seine Annahmeerklärung gegenüber dem Sohn des S **abgegeben**.

b) Die Annahmeerklärung wird gemäß § 130 I Satz 1 mit ihrem **Zugang** wirksam. Ob und wann die Willenserklärung des V dem S zugegangen ist, hängt davon ab, ob der Sohn des S als

- **Vertreter des S**
- **Empfangsbote**
- **Erklärungsbote**

einzuordnen ist.

> **Vertreter des Empfängers** ist jemand, der zur Entgegennahme von Willenserklärungen besonders ermächtigt und berechtigt ist. Gibt jemand dem Vertreter gegenüber eine Willenserklärung ab, so wirkt diese gemäß § 164 III bereits unmittelbar für und gegen den Vertretenen. Auf eine Weitergabe vom Vertreter an den Vertretenen kommt es nicht an.

Mangels Bevollmächtigung ist der Sohn nicht als Empfangsvertreter anzusehen.

Empfangsbote ist jemand, der vom Empfänger zur Entgegennahme von Erklärungen bestellt worden ist oder nach der Verkehrsanschauung als bestellt anzusehen ist, z.B. Ehegatten, in der Wohnung lebende erwachsene Familienmitglieder sowie Hausangestellte. Entscheidend ist, dass die Mittelsperson in der Lage ist, die Erklärung *zuverlässig zu erfassen und weiterzugeben.* Ist jemand als Empfangsbote einzustufen, so geht die Erklärung dem Empfänger in dem Zeitpunkt zu, in dem regelmäßig die Weiterleitung an ihn *zu erwarten* war. Wird die Nachricht unrichtig, verspätet oder gar nicht übermittelt, so geht das zu Lasten des Empfängers.

Bei einem sechsjährigen Sohn ist nicht davon auszugehen, dass er eine Erklärung zuverlässig weitergibt. *Daher* ist S kein Empfangsbote.

Erklärungsbote ist jemand, der nach der Verkehrsanschauung als nicht ermächtigt anzusehen ist, z.B. Kinder, der Nachbar oder ein zufällig im Haus befindlicher Handwerker. Die Erklärung des Erklärungsboten geht dem Empfänger erst zu, wenn der Erklärungsbote sie ihm *tatsächlich übermittelt.* Das Risiko der unrichtigen oder völlig unterbliebenen Übermittlung trägt damit der Erklärende.

Aufgrund seines Alters ist der Sohn des S als Erklärungsbote einzustufen. Die Annahmeerklärung des V wäre dem S also erst mit der tatsächlichen Übermittlung durch seinen Sohn zugegangen. Diese ist jedoch nicht erfolgt.

c) Ergebnis: Die Annahmeerklärung des V ist dem S nicht zugegangen. Ein Kaufvertrag wurde *also* nicht geschlossen. *Also* kann der V keine Kaufpreiszahlung aus § 433 II verlangen.

Fazit: Wenn ein Dritter die Erklärung entgegennimmt, hängt der Zeitpunkt des Zugangs davon ab, ob der Dritte Empfangsvertreter, Empfangsbote oder Erklärungsbote ist.

Dem V ist bei der Annahme des Angebots des S ein Schreibfehler unterlaufen, der ihn zur Anfechtung berechtigt. Daher schickt er dem S sofort eine schriftliche Anfechtungserklärung. S jedoch befürchtet schon seit einigen Tagen das Eingehen der Anfechtungserklärung des V und hat deshalb vorsichtshalber seinen Briefkasten zugeklebt. V erhält seinen Brief ungeöffnet zurück. S fordert von V kurz darauf Übereignung aus § 433 I 1. Zu Recht?

S könnte gegen V einen Anspruch aus § 433 I 1 auf Übereignung haben.

Voraussetzung hierfür ist, dass der zwischen V und S geschlossene Kaufvertrag wirksam ist. Das Rechtsgeschäft ist gemäß **§ 142 I** von Anfang an **nichtig**, wenn der V wirksam angefochten hat.

1) Ein **Anfechtungsgrund** gemäß § 119 I (Verschreiben) liegt laut Sachverhalt vor.

2) Eine **Anfechtungserklärung** des V gegenüber S liegt vor. Die Anfechtungserklärung ist jedoch nur wirksam, wenn sie dem S gemäß **§ 130** auch **zugegangen** ist.

Zugegangen ist eine Willenserklärung regelmäßig dann, wenn sie in den Machtbereich des Empfängers gelangt ist, dieser die Möglichkeit der Kenntnisnahme hat und unter gewöhnlichen Umständen mit der Kenntnisnahme auch zu rechnen ist. Briefe gelangen grundsätzlich dann in den Herrschaftsbereich des Empfängers, wenn sie in dessen Briefkasten eingeworfen werden.

Vorliegend wurde der Brief nicht in den Briefkasten des S eingeworfen und ist daher nicht in dessen Herrschaftsbereich gelangt. *Also* ist die Anfechtungserklärung des V dem S nicht gemäß § 130 zugegangen.

Möglicherweise wird der Zugang jedoch gemäß **§ 242** und **analog § 162 I fingiert**. Nach § 242 ist der Schuldner verpflichtet, die Leistung so zu bewirken, wie Treu und Glauben mit Rücksicht auf die Verkehrssitte es erfordern. Es widerspricht dem Grundsatz von Treu und Glauben, wenn jemand den Zugang einer Anfechtungserklärung, mit der er bereits gerechnet hat, durch Zukleben des Briefkastens bewusst vereitelt.

Dieses Ergebnis könnte sich zudem aus einer **Analogie zu § 162 I** ergeben. § 162 I setzt die Vereitelung des Eintritts einer *Bedingung* voraus. Eine Bedingung liegt vor, wenn die Parteien die Rechtswirkung von einem *zukünftigen ungewissen Ereignis* abhängig machen wollen. Vorliegend war eine derartige Vereinbarung zwischen V und S nicht getroffen. § 162 I ist daher unmittelbar nicht anwendbar.

In Betracht kommt aber eine analoge Anwendung des § 162 I. Voraussetzung für eine Analogie ist stets eine *Regelungslücke*, für die eine *vergleichbare Interessenlage* besteht. Die Vereitelung des Zugangs durch den Vertragspartner ist gesetzlich nicht geregelt. Eine Regelungslücke ist *also* gegeben.

Eine vergleichbare Interessenlage besteht insofern, als sich in beiden Fällen jemand durch treuwidriges Verhalten einen Vorteil verschaffen will. Die Voraussetzungen einer Analogie sind *demnach* gegeben. *Somit* wird der Zugang der Anfechtungserklärung gemäß § 162 I fingiert.

3) V hat die Anfechtung unverzüglich erklärt und damit die **Anfechtungsfrist des § 121** gewahrt.

4) Ergebnis: Der V hat *also* wirksam angefochten. *Demnach* ist das Rechtsgeschäft gemäß § 142 I von Anfang an nichtig. *Folglich* hat der S keinen Anspruch auf Übereignung aus § 433 I 1.

Tipp: Der V muss jedoch gemäß **§ 122** den Vertrauensschaden ersetzen. Der S ist also so zu stellen, wie er stünde, wenn er auf die Gültigkeit des Rechtsgeschäfts *nicht vertraut* hätte.

Fazit: Wenn jemand den Zugang einer Willenserklärung (z.B. Anfechtung, Kündigung) bewusst vereitelt, wird der Zugang gemäß § 242 bzw. gemäß § 162 I analog fingiert.

Hinweis: Verhindert der Empfänger den Zugang nicht bewusst, sondern nur *versehentlich* (z.B. plötzlicher Auszug, ohne eine neue Adresse angegeben zu haben), so gilt: Damit die erste Erklärung gemäß § 242 als zugegangen gilt, muss der Erklärende, sofern er Kenntnis von dem nicht erfolgten Zugang erhält (weil z.B. der Brief zurückkommt) in der Regel unverzüglich einen *erneuten Zustell-Versuch* unternehmen. Dann gilt seine Erklärung als schon beim ersten Zustell-Versuch zugegangen. Unternimmt der Erklärende hingegen nichts, dann ist seine Erklärung nicht zugegangen.
Der Erklärende hat hier also das Wahlrecht, entweder durch einen erneuten Zustell-Versuch den Zugang zu bewirken oder aber auf den Zugang zu verzichten.

▸ **Literatur**

📖 Skript **„Einführung in das Bürgerliche Recht"**, Lektion 2
📖 Haas, **JA** 1997, 166 (Grundfälle zu § 130)
📖 Schreiber, **Jura** 2002, 249 (Grundfälle zu § 130)

Fall 3: Weinversteigerung in Trier

▸ **Standort:** Angebot und Annahme, Erklärungsbewusstsein, Anfechtung

---

Alfred B. (A) ist für seine Kochsendung ständig auf der Suche nach neuen Weinen. Nun hat er von einer Weinversteigerung bei dem Auktionshaus des V gehört und begibt sich zum nächsten Termin dorthin. Auf dieser Weinversteigerung bedeutet das Handaufheben die Abgabe eines Angebotes. Als ein Gast aus einer der letzten Kochsendungen vorbeikommt, hebt A seine Hand, um ihn zu grüßen. Der V wertet dies als ein Angebot und erteilt dem A den Zuschlag für eine Kiste Wein. Als V Zahlung von 550 € von A verlangt, erinnert sich dieser ganz dunkel an seine Jura-Vorlesungen und erklärt vorsichtshalber die Anfechtung. Kann V Zahlung verlangen?

Anspruch des V gegen A aus § 433 II auf Zahlung von 550 €
Voraussetzung: wirksamer Kaufvertrag zwischen V und A
1. Einigung zwischen V und A
  a) Angebot des A
    aa) Äußerer Erklärungstatbestand
    bb) Innerer Erklärungstatbestand
      (1) Handlungswille
      (2) Erklärungsbewusstsein
        Problem: Ist die Willenserklärung des A wegen fehlendem Erklärungsbewusstsein nichtig? Nach h.M. (-)
  b) Annahme des Angebots durch V
2. Unwirksamkeit des Angebots wegen Anfechtung des A, § 142 I
  a) Anfechtungserklärung des A (+)
  b) Anfechtungsgrund des § 119 I (+)
  c) Anfechtungsfrist, § 121 (+)
3. Ergebnis: Der Vertrag ist unwirksam, A muss nicht zahlen, jedoch u.U. gemäß § 122 I Schadensersatz leisten

V könnte gegen A einen Anspruch aus § 433 II auf Zahlung der 550 € haben.

Voraussetzung für die Entstehung des Kaufpreisanspruchs ist, dass V und A einen **Kaufvertrag** geschlossen haben.

1) Dazu müssten V und A sich geeinigt haben. Eine Einigung kommt gemäß **§§ 145 ff.** durch Angebot und Annahme zustande.

a) Indem A seine Hand gehoben hat, könnte er ein **Angebot** zum Abschluss eines Kaufvertrages abgegeben haben. Hierfür ist erforderlich, dass der *äußere* und der *innere Erklärungstatbestand* in dem Verhalten des A vorliegt.

aa) Der **äußere Erklärungstatbestand** liegt vor, wenn die Erklärung auf das Vorhandensein eines bestimmten *Geschäftswillens* schließen lässt. Bei dieser Versteigerung enthielt das Handaufheben die Abgabe eines Angebotes, *so dass* der V von einem Kaufangebot ausgehen konnte. Das Handaufheben ließ *somit* auf einen bestimmten Geschäftswillen schließen.

bb) Fraglich ist aber, ob auch der **innere Erklärungstatbestand** bei A vorliegt.

(1) Der innere Erklärungstatbestand setzt voraus, dass der Betreffende überhaupt handeln will, sog. **Handlungswille.** A wollte den ehemaligen TV-Gast grüßen und hat daher mit Handlungswillen gehandelt.

(2) Der Handelnde muss sich außerdem bewusst sein, dass er eine rechtsgeschäftliche Erklärung abgibt, sog. **Erklärungsbewusstsein.** A wollte jedoch seinen ehemaligen TV-Gast grüßen und ging aus diesem Grund nicht davon aus, rechtsgeschäftlich tätig zu werden. Er hatte somit in diesem Zeitpunkt kein *Erklärungsbewusstsein.* Umstritten ist, welche Folgen das Fehlen des Erklärungsbewusstseins hat:

- Nach **einer Ansicht** ist eine Willenserklärung ohne Erklärungsbewusstsein in Analogie zu § 118 nichtig. Dies wird damit begründet, dass das Erklärungsbewusstsein stets notwendiger Bestandteil einer Willenserklärung sei. Folgt man dieser Ansicht, so wäre die Erklärung des A nichtig.

- Nach **anderer Ansicht** reicht es bei fehlendem aktuellen Erklärungsbewusstsein jedoch aus, dass der Erklärende bei Anwendung der im Verkehr erforderlichen Sorgfalt hätte erkennen können, dass sein Verhalten als Willenserklärung gewertet wird, sog. **potentielles Erklärungsbewusstsein.** Vorliegend hätte A durch mehr Sorgfalt, z.b. durch Nachfragen, die Bedeutung des Handaufhebens ermitteln und so den von ihm verursachten Erklärungstatbestand vermeiden können. Folgt man dieser Ansicht, so wäre die Erklärung des A wirksam.

- **Stellungnahme:** Für die zweite Ansicht spricht insbesondere die Sicherheit des Rechtsverkehrs. Für den Geschäftspartner ist nicht erkennbar, was im Handelnden vorgeht und ob er auch ein Erklärungsbewusstsein besitzt. Daher ist der zweiten Ansicht zu folgen.

cc) Es liegt *also* ein wirksames Angebot des A vor.

b) Indem der V den Zuschlag erteilt hat, hat er das Angebot des A **angenommen.** *Somit* ist ein Vertrag zwischen A und V zustande gekommen.

2) Der geschlossene Vertrag ist unwirksam, wenn **Nichtigkeitsgründe** vorliegen. Das Angebot des A ist gemäß **§ 142 I** nichtig, wenn er es gemäß § 119 I angefochten hat.

a) Fraglich ist, ob dem A ein **Anfechtungsgrund** zusteht. Ein Anfechtungsgrund könnte sich aus **§ 119 I** ergeben.

Dazu müsste ein **Irrtum** des A gegeben sein. Das ist der Fall, wenn A etwas anderes erklärt hat, als er erklären wollte. Wie dargelegt, wollte A nur seinen TV-Gast grüßen, nicht aber – wie es nach außen den Anschein hatte - bei der Versteigerung mitbieten. Das Erklärte und das Gewollte fallen *also* auseinander. Der Anfechtungsgrund des § 119 I ist *daher* gegeben.

b) Eine **Anfechtungserklärung** des A gemäß § 143 I liegt vor.

c) Die Anfechtung müsste **fristgerecht** gemäß § 121 erklärt worden sein. Hier hat A unverzüglich nach Erlangung der Kenntnis von seinem Willensmangel die Anfechtung erklärt.

d) *Demnach* hat A den Kaufvertrag wirksam angefochten, so dass er gemäß § 142 I nichtig ist.

3. Ergebnis: V hat gegen A *also* keinen Anspruch aus § 433 II auf Zahlung der 550 €.

Tipp: Falls V dadurch, dass er auf die Wirksamkeit der Erklärung des A vertraut hat, einen Schaden erleidet, ist A gemäß **§ 122 I** zum Ersatz des Vertrauensschadens verpflichtet.

Fazit: Eine Willenserklärung ist dem Erklärenden nach einer Ansicht auch dann zurechenbar, wenn er bei Anwendung der im Verkehr erforderlichen Sorgfalt hätte erkennen können, dass sein Verhalten als Willenserklärung gewertet wird. Der Erklärende kann nach dieser Ansicht gemäß § 119 I anfechten, muss aber u.U. Schadensersatz gemäß § 122 I leisten.

▶ **Literatur**

📖 Brehmer, **JuS** 1986, 440 ff. (Zum Erklärungsbewusstsein)

Fall 4: Haakjöringsköd!

▸ **Standort:** Falsa demonstratio non nocet, Auslegung eines Vertrags

Fischers Fritze (F) hat eine Tonne Fisch gefangen und bietet diese für 2.900 € dem Hersteller Igitt (I), der daraus Fischstäbchen der Marke „Käpitän Igitt" herstellt, an. Das Angebot des F erfolgt unter der Bezeichnung „Haakjöringsköd". I nimmt das Angebot des F an. F und I gehen beide davon aus, dass der norwegische Begriff „Haakjöringsköd" mit „Walfischfleisch" zu übersetzen ist. Dies trifft jedoch nicht zu, denn „Haakjöringsköd" bedeutet tatsächlich „Haifischfleisch". Kann I von F Lieferung der Tonne Walfischfleisch verlangen?

Anspruch des I gegen F aus § 433 I 1 auf Lieferung von Walfleisch
Voraussetzung: wirksamer Kaufvertrag zwischen I und F
1. Einigung zwischen I und F
  a) Angebot des F
  b) Annahme des I
  c) Inhalt des Kaufvertrags?
    aa) Möglichkeit 1: „Haakjöringsköd", also Haifischfleisch
    bb) Möglichkeit 2: Walfischfleisch
    cc) Auslegung gemäß §§ 133, 157 -> falsa demonstratio non nocet
2. Ergebnis: Es wurde ein Vertrag über Walfischfleisch geschlossen.
  Der Anspruch des I aus § 433 I 1 besteht also.

I könnte gegen F einen Anspruch aus § 433 I 1 auf Übereignung einer Tonne Walfischfleisch haben.

Voraussetzung für die Entstehung des Kaufpreisanspruchs ist, dass I und F einen **Kaufvertrag** geschlossen haben.

1) Dazu müssten I und F sich geeinigt haben. Eine Einigung kommt gemäß **§§ 145 ff.** durch Angebot und Annahme zustande.

a) Ein **Angebot** zum Abschluss eines Kaufvertrages über eine Tonne Fisch zum Preis von 2.900 € hat der F abgegeben.

b) Der I hat das Angebot **angenommen**.

c) Zweifelhaft ist, welchen **Inhalt** der Kaufvertrag hat. Hier sind zwei Möglichkeiten denkbar:

- I und F wollten tatsächlich einen Vertrag über die Lieferung von „Haakjöringsköd", also von Haifischfleisch schließen.

- I und F wollten einen Vertrag über die Lieferung von Walfischfleisch schließen und haben lediglich eine falsche Bezeichnung dafür gewählt.

Welche dieser beiden Möglichkeiten vorliegend einschlägig ist, muss durch **Auslegung** gemäß **§§ 133, 157** ermittelt werden.

Maßgeblich für die Auslegung ist der **objektive Empfänger-horizont**. Er ergibt, was der Empfänger bei verständiger Würdigung als den Willen des Erklärenden auffassen konnte.

Nur dann, wenn durch Auslegung eine Übereinstimmung nicht festgestellt werden kann, ist ein offener oder versteckter **Dissens** gegeben, §§ 154, 155.

Vorliegend konnte ein *objektiver* Erklärungsempfänger, also ein solcher, dem die Bedeutung des Wortes „Haakjörings-köd" bekannt war, das Angebot des F auf Lieferung von „Haakjöringsköd" nur so auffassen, dass dieser tatsächlich Haifischfleich liefern wollte.

Vom Standpunkt eines objektiven Empfängers aus hat der F also ein Angebot über eine Tonne Haifischfleisch gemacht, welches der I angenommen hat.

Zu berücksichtigen ist allerdings, dass das Ziel der Auslegung in erster Linie darin besteht, den wirklichen Willen der Parteien zu erforschen. Aus diesem Grunde wird eine empfangsbedürftige Willenserklärung gegen ihren eindeutigen Wortlaut im Sinne des *Gewollten* ausgelegt, wenn beide Parteien das Gleiche gewollt haben, sog. **falsa demonstratio non nocet** - eine bloße Falschbezeichnung schadet nicht.

Vorliegend wollten I und F beide übereinstimmend einen Kaufvertrag über Walfischfleisch abschließen. Weder dem I noch dem F war bekannt, dass „Haakjöringsköd" „Haifischfleisch" bedeutete. Daher haben I und F einen Kaufvertrag geschlossen, der die Lieferung von Walfischfleisch zum Gegenstand hatte.

2) Ergebnis: Der I kann von F die Übereignung von Walfischfleich aus § 433 I 1 verlangen.

Fazit: Wenn der Käufer und der Verkäufer eine falsche Bezeichnung für den Kaufgegenstand gewählt haben, jedoch beide das Gleiche wollen, schadet dies nicht. Es gilt dann das übereinstimmend Gewollte.

Tipp: In Klausuren wird häufig nicht der „Haakjöringsköd"-, sondern der sehr ähnliche *Parzellenfall* geprüft: Käufer und Verkäufer sind sich über die zu verkaufende Grundstücksparzelle einig, benennen aber irrtümlich eine andere im Kaufvertrag. Verkauft ist hier nicht die im Vertrag genannte, sondern die übereinstimmend gewollte Parzelle. Als unschädlich wird dabei angesehen, dass das Gewollte nicht in der vorgeschriebenen Form des § 311b I beurkundet worden ist, da der Normzweck des § 311b (Warnfunktion etc.) durch die Beurkundung des „falschen" Grundstücks ja erreicht wurde. Daher ist der Kaufvertrag nicht gemäß § 125 S. 1 nichtig.

▶ **Literatur**

📖 Martinek, **JuS** 1997, 136 ff. (Grundlagenwissen falsa demonstratio)

Fall 5: Wer soll das bezahlen?

▸ **Standort:** Minderjährigenrecht, Taschengeldparagraf

Der 16-jährige Computerfreak Min Tendo (M) kauft bei V einen Computer zum äußerst günstigen Preis von 1.100 €. Er zahlt 300 € an, die er von seinem Taschengeld gespart hat. Die Restzahlung in Höhe von 800 € soll in der Weise erfolgen, dass M monatlich 50 € von seinem Taschengeld abzweigt. Zwei Tage später erfährt V das Alter des M und fordert sicherheitshalber seine Eltern auf, ihm mitzuteilen, ob sie mit dem Abschluss des Kaufvertrages einverstanden sind. Als die Eltern des M sich nach drei Wochen immer noch nicht gemeldet haben, wird es dem V zu bunt. Er verlangt Zahlung der weiteren Raten von M. Hilfsweise verlangt V Herausgabe des Computers. Zu Recht?

I. Anspruch des V gegen M auf Zahlung aus § 433 II
Voraussetzung: wirksamer Kaufvertrag zwischen V und M
1. Einigung zwischen V und M (+)
2. Unwirksamkeit des Vertrags wegen Minderjährigkeit des M
   a) Kaufvertrag ist nicht rechtlich vorteilhaft für M gemäß § 107
   b) Eine Einwilligung der Eltern liegt nicht vor
     aa) Keine ausdrückliche Einwilligung der Eltern
     bb) Keine konludente Einwilligung der Eltern gemäß § 110 (Taschen-
       geldparagraf), da M den Kaufpreis nicht voll gezahlt hat
   c) Rechtsfolge: Vertrag ist schwebend unwirksam, § 108 I
   Die Eltern habe ihre Genehmigung nicht erklärt, so dass ihre
   Genehmigung als verweigert gilt, § 108 II 2
3. Ergebnis: Der Vertrag ist unwirksam, Anspruch des V aus § 433 II (-)

II. Anspruch des V gegen M auf Herausgabe aus § 985
1. Computer ist eine Sache, § 90
2. M ist Besitzer, § 854 I
3. Ist V noch Eigentümer des Computers? V könnte sein Eigentum
   gemäß § 929 S.1 durch Übereignung an M verloren haben
   a) Einigung M-V (+)
   b) Wirksamkeit der Einigung (+), da der Erwerb des Eigentums einen
   rechtlichen Vorteil i.S.d. § 107 für den M bedeutet
4. Ergebnis: V ist nicht mehr Eigentümer und hat daher keinen
   Anspruch aus § 985 auf Herausgabe des Computers

III. Anspruch des V gegen M auf Herausgabe aus § 812 I 1, 1. Alt.

1. M hat Eigentum und Besitz am Computer und damit „etwas erlangt"
2. Durch Leistung des V (+), denn V hat den Computer dem M übergeben, um seine Verpflichtung aus dem Kaufvertrag zu erfüllen
3. Ohne Rechtsgrund (+), da der Kaufvertrag unwirksam ist
4. Ergebnis: V hat gegen M einen Anspruch aus § 812 I 1, 1. Alt. auf Rückübertragung von Eigentum und Besitz, also auf Herausgabe

---

I. V könnte gegen M einen Anspruch aus § 433 II auf Zahlung der weiteren Raten haben.

Voraussetzung für die Entstehung des Kaufpreisanspruchs ist, dass M und V einen **wirksamen Kaufvertrag** geschlossen haben. Dazu müssten V und M sich geeinigt haben. Eine **Einigung** kommt zustande durch zwei übereinstimmende Willenserklärungen, nämlich Angebot und Annahme, §§ 145 ff.

1) M und V haben eine **Einigung** über die wesentlichen Vertragsbestandteile eines Kaufvertrages erzielt.

2) Fraglich ist aber aufgrund der Minderjährigkeit des M, ob seine **Willenserklärung wirksam** ist. Der 16-jährige M ist gemäß **§§ 2, 106** in seiner Geschäftsfähigkeit beschränkt. Die Willenserklärung des M ist daher nur wirksam, wenn

- sie dem M einen rechtlichen Vorteil bringt, § 107 oder
- der gesetzliche Vertreter eingewilligt (vgl. § 184), d.h. vorher zugestimmt hat, § 107 oder
- M den Kaufpreis von seinem Taschengeld gezahlt hat, § 110.

Schließt der Minderjährige einen Vertrag ohne die erforderliche Einwilligung des gesetzlichen Vertreters, so hängt die Wirksamkeit des Vertrags von der **Genehmigung** (= nachträgliche Zustimmung, vgl. § 184) des Vertreters ab, d.h. er ist zunächst *schwebend unwirksam*, § 108 I.

a) Fraglich ist, ob der Computerkauf gemäß **§ 107 lediglich rechtlich vorteilhaft** ist.

Rechtsgeschäfte sind nur dann **lediglich rechtlich vorteilhaft**, wenn sie die Rechtsstellung des Minderjährigen verbessern.

M ist durch den Abschluss des Kaufvertrages verpflichtet, den wenn auch günstigen Kaufpreis zu entrichten. Dies stellt einen Rechtsnachteil dar. *Also* ist der Computerkauf nicht lediglich rechtlich vorteilhaft für M. *Daher* war gemäß § 107 die Einwilligung des gesetzlichen Vertreters des M erforderlich.

b) Einwilligung des gesetzlichen Vertreters

Gesetzliche Vertreter eines Minderjährigen sind regelmäßig seine Eltern, § 1629.

aa) Die Eltern des M haben *ausdrücklich* ihre Einwilligung zum Kauf des Computers i.S.d. **§§ 183, 182** nicht erklärt.

bb) Möglicherweise haben sie aber *konkludent* durch die Überlassung des **Taschengeldes** in damit zu tätigende Rechtsgeschäfte eingewilligt. Gemäß **§ 110** wäre der von M geschlossene Kaufvertrag von Anfang an wirksam, wenn er die Kaufpreiszahlung mit seinem Taschengeld bewirkt hätte. M hat lediglich 300 € angezahlt. 800 € stehen noch aus. Fraglich ist somit, wie das Wort "bewirkt" auszulegen ist.

In systematischer Auslegung des Gesetzes mit § 362 I, der das gleiche Wort enthält, muss der Minderjährige die gesamte Leistung mit den überlassenen Mitteln **tatsächlich erbracht haben**. In § 110 ist daher hinter dem Wort „bewirkt" sinngemäß ein "hat" zu ergänzen.

M hat den kompletten Kaufpreis aber noch nicht gezahlt. Der Vertrag ist *daher* nicht gemäß § 110 von Anfang an wirksam.

c) Rechtsfolge: Der Kaufvertrag ist *somit* **schwebend unwirksam.** Um den Kaufvertrag noch wirksam werden zu lassen, müssten die Eltern des M den Vertrag **genehmigen,** § 108 I.

V hat die Eltern des M gemäß **§ 108 II zur Erklärung** über die Genehmigung **aufgefordert,** so dass deren Erklärung nur dem V gegenüber erfolgen (§ 108 II 1) und nur bis zum Ablauf von *zwei Wochen* nach dem Empfang der Aufforderung erklärt werden konnte (§ 108 II 2).

> Gemäß § 108 II 2 gilt eine Genehmigung nach dem Ablauf von zwei Wochen als verweigert.

Die Eltern des M haben sich nach drei Wochen immer noch nicht gemeldet. *Daher* gilt ihre Genehmigung gemäß § 108 II 2 als verweigert.

Somit ist kein wirksamer Vertrag zwischen V und M zustande gekommen.

3) Ergebnis: V hat *also* keinen Anspruch aus § 433 II auf Zahlung von weiteren Raten.

II. V könnte gegen M einen Anspruch auf Herausgabe des Computers aus § 985 haben.

1) Der Computer ist gemäß **§ 90** ein körperlicher Gegenstand und damit eine **Sache.**

2) M hat die tatsächliche Gewalt über den Computer gemäß § 854 I erlangt und ist folglich dessen **Besitzer.**

3) V müsste noch **Eigentümer** des Computers sein. Er könnte sein Eigentum an M gemäß § 929 S. 1 verloren haben.

a) Dazu müssten sich V und M über den Übergang des Eigentums geeinigt haben. Eine **Einigung** kommt zustande durch zwei übereinstimmende Willenserklärungen, nämlich Angebot und Annahme. Als V dem M den Computer aushändigte, brachte er konkludent zum Ausdruck, dass er das Eigentum auf M übertragen wolle. M hat dieses Angebot angenommen. Eine Einigung liegt *daher* vor.

b) Diese Einigung ist nur **wirksam**, wenn sie gemäß **§ 107 lediglich rechtlich vorteilhaft** für den M ist. Dabei ist ausschließlich auf den Inhalt des dinglichen Rechtsgeschäfts abzustellen. Der zugrunde liegende Kaufvertrag muss außer Betracht bleiben. Die Entgegennahme des Übereignungsangebots des V setzt M in die Lage, allein das Eigentumsrecht an dem Computer zu erwerben. Der Eigentumserwerb ist für den M *somit* lediglich rechtlich vorteilhaft. Die Einigung ist *demnach* wirksam.

c) Der V hat dem M den Rechner auch **übergeben** i.S.d. § 929 S. 1 und war **Berechtigter.** *Folglich* ist nicht mehr V, sondern M Eigentümer des Computers.

4) Ergebnis: V hat gegen M *also* keinen Anspruch auf Herausgabe des Computers aus § 985.

V könnte gegen M einen Anspruch auf Herausgabe des Computers aus § 812 I 1, 1. Alt. haben.

1) M hat Eigentum und Besitz an dem Computer und damit **etwas erlangt.**

2) Dies müsste durch eine **Leistung** des V geschehen sein.

Unter **"Leistung"** versteht man die bewusste und zweckgerichtete Vermehrung fremden Vermögens.

V hat den Computer dem M übergeben, um seine Verpflichtung aus dem Kaufvertrag zu erfüllen. Eine Leistung des V an M liegt *somit* vor.

3) Ohne Rechtsgrund ist die Leistung erfolgt, da der Kaufvertrag – wie oben festgestellt - nicht wirksam zustande gekommen ist. M hat *also* den Computer ohne Rechtsgrund erlangt. Er muss Eigentum und Besitz zurück übertragen.

4) Ergebnis: V hat *daher* gegen M einen Anspruch auf Herausgabe des Computers aus § 812 I 1, 1. Alt.

Fazit: Der (schuldrechtliche) Kaufvertrag ist wegen der Verpflichtung zur Kaufpreiszahlung stets *rechtlich nachteilig* i.S.d. § 107. Er ist daher nur wirksam, wenn die Eltern (vorab) *eingewilligt* haben, ihn (nachträglich) *genehmigen* oder der Minderjährige den Kaufpreis von seinem Taschengeld bezahlt, § 110. Die *dingliche Einigung* gemäß § 929 S. 1 hingegen ist für den Minderjährigen regelmäßig vorteilhaft, weil er durch die Übereignung das Eigentum erwirbt.

Abwandlung 1

Der M leiht sich von seinem Onkel O eine mobile Festplatte aus. Als M dringend Geld benötigt, verkauft und übereignet er die Festplatte des O an den volljährigen X. Ist die Einigung über den Eigentumsübergang wirksam erfolgt?

Fraglich ist, ob die Einigung zwischen M und X gemäß § 929 S. 1 wirksam war.

Die dingliche Einigung war wegen § 107 nicht wirksam, wenn sie dem M einen rechtlichen Nachteil brachte. Ein Minderjähriger kann nicht wirksam gemäß § 929 S. 1 ohne

Einwilligung (§ 107) oder Genehmigung (§ 108) seiner Eltern sein Eigentum übertragen, weil der Eigentumsverlust für ihn einen rechtlichen Nachteil bedeutet. Zu berücksichtigen ist vorliegend jedoch, dass die Festplatte nicht dem M, sondern seinem Onkel O gehörte. M übertrug also fremdes Eigentum. Dies brachte dem M selbst keine Nachteile, sondern stellte ein sog. **neutrales Geschäft** dar.

Die h.M. hält solche *neutralen Geschäfte* entsprechend § 165 für wirksam. Sie argumentiert, dass der Sinn und Zweck der §§ 106 ff. darin bestehe, den Minderjährigen vor rechtlichen Nachteilen zu schützen. Bei einem neutralen Geschäft sei dieser Schutz aber nicht notwendig. Folgt man der h.M., so ist die Einigung zwischen M und X *also* wirksam erfolgt.

Fazit: Wenn ein Minderjähriger das Eigentum an einer fremden Sache gemäß § 929 S. 1 überträgt, liegt ein sog. *neutrales Geschäft* vor. Unter Verweis auf den Schutzzweck der §§ 106 ff. kann man hier mit der h.M. argumentieren, dass dieses wirksam ist, weil es dem Minderjährigen selbst keinen rechtlichen Nachteil bringt.
Streitig ist in diesen Konstellationen jedoch, ob der Dritte gutgläubig Eigentum an der durch den nichtberechtigten Minderjährigen veräußerten Sache erlangen kann. Die h.M. bejaht dies; Einwände hat aber Medicus, BR, Rn. 542.

Abwandlung 2

Der M kauft sich von seinem monatlichen Taschengeld eine CD von „Fettes Brot" und ein Los. Die CD tauscht er mit seinem Freund F gegen dessen „Sting"-CD. Das Los gewinnt den Hauptpreis von 5.000 €. Davon kauft M sich einen Gebrauchtwagen. Sind die drei Kaufverträge und der Tauschvertrag wirksam?

Fraglich ist, ob die Kaufverträge und der Tauschve wirksam sind.

1) Die Verträge sind wirksam, wenn sie dem M einen *rechtlichen Vorteil* gemäß § 107 bringen. Durch den Tauschvertrag wird M zur Übereignung der „Fettes Brot"-CD, durch die drei Kaufverträge (1. „Fettes Brot"-CD, 2. Los, 3. Auto) zur Kaufpreiszahlung gemäß § 433 II verpflichtet. In allen Fällen entsteht dem M *also* ein rechtlicher Nachteil, so dass die Zustimmung der Eltern (Einwilligung, § 107 oder Genehmigung, § 108) grundsätzlich erforderlich ist.

2) Durch Überlassung des **Taschengeldes** könnten die Eltern *konkludent* in die Rechtsgeschäfte des M eingewilligt haben.

Gemäß **§ 110** gilt ein von dem Minderjährigen ohne Zustimmung des gesetzlichen Vertreters geschlossener Vertrag als von Anfang an wirksam, wenn der Minderjährige die vertragsmäßige Leistung mit Mitteln bewirkt, die ihm zu diesem Zweck oder zu freier Verfügung von dem Vertreter oder mit dessen Zustimmung von einem Dritten überlassen worden sind.

M hat die „Fettes Brot"-CD und das Los mit seinem Taschengeld bezahlt. Zumindest der Kaufvertrag über die CD und über den Kauf des Loses sind damit vorliegend wirksam.

3) Fraglich ist, ob der Tauschvertrag („Sting"-CD) und der Kaufvertrag über das Auto wirksam sind. Es handelt sich hierbei jeweils um **Geschäfte über das Surrogat** (= Geschäfte über den Ersatzgegenstand). Zu untersuchen ist dabei, ob die mit der Überlassung des Taschengeldes ausgesprochene bedingte Einwilligung der Eltern auch die Geschäfte über das mit dem Taschengeld Erlangte deckt.

48

Dies muss durch *Auslegung* gemäß §§ 133, 157 ermittelt werden.

Ein Geschäft über das Surrogat ist von der Einwilligung im Regelfall gedeckt, wenn es gleich als erstes mit dem Taschengeld hätte vorgenommen werden können.

M hätte sich von seinem Taschengeld auch direkt eine „Sting"- statt einer „Fettes Brot"-CD kaufen können. Er wäre jedoch nicht in der Lage gewesen, mit seinem Taschengeld einen Gebrauchtwagen zu erwerben. Während der CD-Tauschvertrag also wirksam ist, ist für den Kauf des Gebrauchtwagens die Zustimmung der Eltern (Einwilligung oder Genehmigung) erforderlich. Da die Eltern nicht eingewilligt haben, kann der zunächst *schwebend unwirksame* Vertrag nur wirksam werden, wenn sie ihn genehmigen, §108 I.

Fazit: Wenn ein Minderjähriger sich von seinem Taschengeld etwas kauft und das Erlangte dafür verwendet, etwas anderes zu erwerben, handelt es sich bei dem letzten Geschäft um ein *Geschäft über das Surrogat.* Dieses ist regelmäßig wirksam, wenn der Minderjährige es auch gleich als erstes hätte vornehmen können. Ansonsten ist es schwebend unwirksam bis die Eltern genehmigen, § 108 I.

▶ **Literatur**

Skript „**Einführung in das Bürgerliche Recht**", Lektion 3

📖 Coester-Waltjen, **Jura** 1994, 204 (Anfänger-Klausur)

📖 Faust, **JA** 1994, Teilband 2(=jede Seite gibt's 2 X), 25 (Anf-Klausur)

📖 Wolf, **Jura** 1992, 99 (Anfänger-Klausur)

📖 Mehrings, **JuS** 1985, 633 (Anfänger-Klausur)

📖 Schünemann, **JuS** 1990, Lernb. (am Ende d. JuS) L 77 (A-Klausur)

Fall 6: Einem geschenkten Gaul...

▶ **Standort:** Lediglich rechtlicher Vorteil, Insichgeschäft,
§§ 107, 181, Gesamtbetrachtung

Peter (P) will seiner 17-jährigen Tochter (T), für die er allein sorgeberechtigt ist, ein Geschenk machen. Deshalb schließt er als Stellvertreter seiner Tochter *mit sich selbst* einen Schenkungsvertrag über eine Wohnung im Wert von 200.000 € in einer großen Wohnanlage in Köln. Dem Notar N, der den Schenkungsvertrag voreilig notariell beurkundet hat, kommen plötzlich Bedenken, weil T aufgrund der Gemeinschaftsordnung der Wohnanlage erhebliche finanzielle Verpflichtungen treffen. So muss sie als Miteigentümerin für bis zu 100.000 € haften. Der N bittet um ein Gutachten zu der Frage, ob die T gegen den P einen Anspruch auf Eigentumsübertragung an der Wohnung erworben hat.

Anspruch der T gegen P auf Eigentumsübertragung
Voraussetzung: wirksamer Schenkungsvertrag zwischen P und T, § 516
1. Einigung P - T, die durch ihren Vater vertreten wurde, § 164
   a) Eigene Erklärung des P
   b) In fremdem Namen
   c) Vertretungsmacht des P problematisch wegen
     §§ 1629 II, 1795 II, 181; § 181 greift allerdings nicht ein, wenn
     das Rechtsgeschäft für den Minderjährigen vorteilhaft
     i.S.d. § 107 ist;
     aa) Wirtschaftliche Betrachtungsweise: Vorteil (+)
     bb) Rechtliche Betrachtungsweise: Vorteil (+)
     cc) Ergebnis: Schenkungsvertrag als solcher ist für T vorteilhaft,
       da T damit einen Anspruch auf Übereignung erwirbt.
     dd) Gesamtbetrachtungslehre: Es ist vorab zu prüfen, ob dem Minderjährigen rechtliche Nachteile durch das dingliche Geschäft (Übertragung des Eigentums) drohen. Hier Nachteile durch Erwerb des Miteigentums (Haftung) (+)

2. Ergebnis: Die ungeschriebene Ausnahme des „lediglich rechtlichen Vorteils" bei § 181 greift vorliegend nicht ein. P konnte seine Tochter also nicht gemäß § 164 vertreten. Der Schenkungsvertrag ist unwirksam, T hat keinen Anspruch auf Übereignung aus § 516.

T hat gegen ihren Vater P einen Anspruch auf Eigentumsübertragung, wenn ein wirksamer Schenkungsvertrag gemäß §§ 516, 518 geschlossen wurde.

Dazu müssten P und T sich **geeinigt** haben. T selbst hat nicht gehandelt. Sie könnte aber durch ihren Vater P gemäß § 164 I S. 1 **vertreten** worden sein. P müsste dazu eine eigene Willenserklärung in fremdem Namen mit Vertretungsmacht abgegeben haben.

1) P hat **eine eigene Willenserklärung** abgegeben.

2) Dies geschah **in fremdem Namen**, nämlich im Namen der T.

3) Vertretungsmacht für den Abschluss von Verträgen stand dem P gemäß § 1629 S. 1 zu. Nach §§ 1629 II, 1795 II, 181 könnte die Vertretungsmacht aber beschränkt gewesen sein. Danach ist das Schließen eines Vertrags mit sich selbst grundsätzlich untersagt.

Ausnahmen vom Selbstkontrahierungsverbot bestehen nach dem Wortlaut des § 181 nur dann, wenn das Selbstkontrahieren *gestattet ist* oder das Rechtsgeschäft *ausschließlich in der Erfüllung einer Verbindlichkeit* besteht. Nimmt man den § 181 wörtlich, konnte der P also mit sich selbst den Schenkungsvertrag nicht abschließen.

§ 181 kennt jedoch eine weitere (ungeschriebene) Ausnahme, die sich aus dem Sinn und Zweck des § 181 ergibt. Dieser besteht darin, den Vertretenen vor den Folgen einer *Interessenkollision* zu schützen. Es besteht grundsätzlich die Gefahr, dass der Vertreter Rechtsgeschäfte tätigt, die für ihn selbst vorteilhaft, für den Vertretenen jedoch nachteilig sind. Ist das Rechtsgeschäft jedoch ausnahmsweise lediglich rechtlich vorteilhaft, ist diese Gefahr nicht gegeben.

Nach allgemeiner Meinung ist § 181 daher *telelogisch zu reduzieren*, d.h. er wird nicht angewandt, wenn das Rechtsgeschäft für den Vertretenen **lediglich rechtlich vorteilhaft i.S.d. § 107** ist.

Zu prüfen ist daher, ob der Schenkungsvertrag für die T lediglich rechtlich vorteilhaft war. Der Begriff des „lediglich rechtlichen Vorteils" ist umstritten.

a) Wirtschaftliche Betrachtungsweise

Nach der sog. **wirtschaftlichen Betrachtungsweise** ist das Rechtsgeschäft für den Minderjährigen vorteilhaft, wenn es das sonstige Vermögen des Minderjährigen nicht gefährdet und höchstens eine Minderung des Vorteils bedeutet.

Durch die Schenkung wird die T noch nicht Eigentümerin der Wohnung, sondern erwirbt nur einen Anspruch auf unentgeltliche Eigentumsübertragung (Abstraktionsprinzip!). Somit wird das Vermögen der T durch die Schenkung nicht gefährdet, sondern nur um den Anspruch auf Eigentumsübertragung vergrößert. Nach dieser Ansicht ist das Rechtsgeschäft *also* rechtlich vorteilhaft.

b) Rechtliche Betrachtungsweise

Nach h.M. ist alleine auf die **Rechtsstellung** des Minderjährigen abzustellen. Wird die Rechtsstellung verbessert, ist das Geschäft für ihn rechtlich vorteilhaft.

Vorliegend wird die T durch die Schenkung noch nicht Eigentümerin der Wohnung, sondern erwirbt nur einen Anspruch auf unentgeltliche Eigentumsübertragung (Abstraktionsprinzip!). *Somit* wird ihre Rechtsstellung verbessert. *Also* ist die Schenkung auch nach dieser Ansicht für die T rechtlich vorteilhaft.

c) Ergebnis: Beide Ansichten gelangen zum gleichen Ergebnis, so dass eine Streitentscheidung nicht erforderlich ist. Die Schenkung war also für die T rechtlich vorteilhaft.

d) Obwohl der Abschluss eines Schenkungsvertrags bei Minderjährigen an sich rechtlich vorteilhaft ist, führt die Rechtsprechung eine sog. **Gesamtbetrachtung** von dinglichem und schuldrechtlichem Geschäft durch. Sie befürchtet, dass der Schutz des Minderjährigen umgangen würde, wenn zunächst die schuldrechtliche Einigung bezüglich des Schenkungsvertrags zugelassen wird und der Vertreter im zweiten Schritt gemäß § 181 „in Erfüllung einer Verbindlichkeit", nämlich in Erfüllung des Schenkungsvertrags, die dingliche Einigung herbeiführt, die dann aber für den Minderjährigen eventuell rechtliche Nachteile mit sich bringt.

> Nach der Rechtsprechung ist daher für die Wirksamkeit des Schenkungsvertrags vorab zu prüfen, ob dem Minderjährigen rechtliche Nachteile durch das dingliche Geschäft (Übertragung des Eigentums) drohen.

Fraglich ist, ob die T durch Übertragung des Eigentums an der Wohnung einen rechtlichen Nachteil erleidet.

aa) Nach der sog. **wirtschaftlichen Betrachtungsweise** ist das Rechtsgeschäft für den Minderjährigen vorteilhaft, wenn es das sonstige Vermögen des Minderjährigen nicht gefährdet und nur eine Minderung des Vorteils bedeutet. Vorliegend stellt die Haftung für bis zu 100.000 €, die eintritt, sobald der T das Eigentum übertragen worden ist, nur eine Minderung des Geschenks, das 200.000 € wert ist, dar. Nach dieser Ansicht ist die Übertragung des Eigentums für die A rechtlich vorteilhaft.

bb) Nach h. M. ist alleine auf die **Rechtsstellung** des Minderjährigen abzustellen. Wird die Rechtsstellung verbessert, ist das Geschäft für ihn rechtlich vorteilhaft.

Sobald die T Miteigentümerin ist, ist sie aufgrund der Gemeinschaftsordnung zur Haftung verpflichtet. Außerdem tritt sie dann gemäß § 566 I in die Pflichten des Mietvertrags ein. Also wird ihre Rechtsstellung verschlechtert.

cc) Stellungnahme: Beide Ansichten gelangen zu einem unterschiedlichen Ergebnis, *so dass* eine Streitentscheidung notwendig ist. Gegen die wirtschaftliche Betrachtungsweise spricht schon der *Wortlaut* des § 107. Hier ist von einem „rechtlichen" und nicht von einem „wirtschaftlichen" Vorteil die Rede. Außerdem führt die wirtschaftliche Betrachtungsweise zu Abgrenzungsschwierigkeiten und damit zu Rechtsunsicherheit. *Daher* ist die h. M. vorzugswürdig.

Die Rechtsstellung der T wird durch die Übertragung des Eigentums an der Wohnung *also* verschlechtert. *Demnach* ist die Übertragung des Eigentums für sie rechtlich nachteilig. *Folglich* ist nach der Gesamtbetrachtungslehre bereits das schuldrechtliche Geschäft, der Schenkungsvertrag, als rechtlich nachteilig einzustufen.

Also greift die ungeschriebene Ausnahme des „lediglich rechtlichen Vorteils" bei § 181 vorliegend nicht ein. Der Vater P durfte *daher* wegen § 181 nicht mit sich selbst einen Schenkungsvertrag für seine Tochter T schließen.

Mangels Vertretungsmacht hat er die T *somit* nicht wirksam gemäß § 164 I vertreten. *Also* besteht kein wirksamer Schenkungsvertrag zwischen P und T. *Demnach* hat die T keinen Anspruch auf Eigentumsübertragung erworben (A.A. ebenfalls vertretbar, vgl. Menzel/Führ, JA 2005, 859 (863)).

▸ **Literatur**

Skript „**Einführung in das Bürgerliche Recht**", Lektion 4

Röthel/Krackhardt, **Jura** 2006, 161 (Grdl. „Gesamtbetrachtung")

Menzel/Führ, **JA** 2005, 859 (Grdl. „Gesamtbetrachtung")

Fall 7: Sch....!

▶ **Standort:** Anfechtung, Inhaltsirrtum, § 119 I

Dieter (D) hat sich entschieden, eine Kneipe zu eröffnen. Seine erste „Amtshandlung" besteht darin, beim Händler H die per Sonderangebot angebotenen „25 Gros Rollen Toilettenpapier" zu bestellen. D glaubt, er bestelle 25 große Rollen. Tatsächlich versteht man unter einem „Gros" eine Maßeinheit, die 144 Rollen fasst. Als der H mit 25 X 144 = 3.600 Rollen Toilettenpapier vor der Kneipe vorfährt, um diese abzuliefern, verweigert D die Zahlung und erklärt dem H, er wolle mit dem Vertrag „nichts mehr zu tun haben". Kann H Zahlung für die 3.600 Rollen verlangen?

Anspruch des H gegen D aus § 433 II auf Zahlung
Voraussetzung: wirksamer Kaufvertrag zwischen D und H
1. Einigung zwischen D und H
  a) Angebot des D
  b) Annahme des Angebots durch H
  c) Inhalt des Kaufvertrags?
    aa) Möglichkeit 1: insgesamt 3.600 Rollen
    bb) Möglichkeit 2: insgesamt 25 große Rollen
    cc) Auslegung gemäß §§ 133, 157 -> 3.600 Rollen
2. Unwirksamkeit des Angebots wegen Anfechtung des D, § 142 I
  a) Anfechtungserklärung des D (+)
  b) Anfechtungsgrund des § 119 I (+)
  c) Anfechtungsfrist, § 121 (+)
3. Ergebnis: Der Vertrag ist unwirksam, D muss nicht zahlen, jedoch
  u.U. gemäß § 122 I Schadensersatz leisten

H könnte gegen D einen Anspruch aus § 433 II auf Zahlung des Kaufpreises haben.

Voraussetzung für die Entstehung des Kaufpreisanspruchs ist, dass D und H einen **Kaufvertrag** geschlossen haben.

1) Dazu müssten D und H sich geeinigt haben. Eine Einigung kommt gemäß **§§ 145 ff.** durch Angebot und Annahme zustande.

a) Ein **Angebot** zum Abschluss eines Kaufvertrages über „25 Gros Rollen Toilettenpapier" hat der D abgegeben, indem er diese bei H bestellte (das Sonderangebot des H ist eine bloße invitatio ad offerendum!).

b) Der H hat das Angebot **angenommen**.

c) Zweifelhaft ist, welchen **Inhalt** der Kaufvertrag hat. Hier sind zwei Möglichkeiten denkbar:

- D und H wollten tatsächlich einen Vertrag über die Lieferung von „25 Gros Rollen Toilettenpapier", also von 3.600 Rollen schließen.

- D und H wollten einen Vertrag über die Lieferung von 25 großen Rollen Toilettenpapier schließen.

Welche dieser beiden Möglichkeiten vorliegend einschlägig ist, muss durch **Auslegung** gemäß **§§ 133, 157** ermittelt werden.

Maßgeblich für die Auslegung ist der **objektive Empfängerhorizont.** Er ergibt, was der Empfänger bei verständiger Würdigung als den Willen des Erklärenden auffassen konnte.

Vorliegend konnte ein *objektiver* Erklärungsempfänger, also ein solcher, dem die Bedeutung der Maßeinheit „25 Gros" bekannt war, das Angebot des D nur so auffassen, dass dieser tatsächlich 3.600 Rollen geliefert bekommen wollte. Vom Standpunkt eines objektiven Empfängers aus hat der D also ein Angebot über 3.600 Rollen gemacht, welches der H angenommen hat.

d) Ergebnis: Es wurde ein Kaufvertrag über 3.600 Rollen Toilettenpapier geschlossen.

2) Das Rechtsgeschäft ist gemäß **§ 142 I** von Anfang an **nichtig**, wenn D wirksam angefochten hat.

a) Anfechtungsgrund könnte **§ 119 I** (Inhaltsirrtum) sein. *Dazu* müsste ein **Irrtum** des D gegeben sein. Das ist der Fall, wenn D etwas anderes erklärt hat, als er erklären wollte. Der D wollte 25 große Rollen und nicht 3.600 Rollen bestellen. Ein Irrtum des D liegt also vor.

Beim **Inhaltsirrtum** weiß der Erklärende, was er sagt, er weiß aber nicht, was er damit sagt.

Dem D war nicht bewusst, dass er mit „25 Gros" 3.600 Rollen bestellte. Damit ist ein Inhaltsirrtum nach § 119 I 1. Fall gegeben. D hätte seine Erklärung bei verständiger Würdigung des Falles auch so nicht abgegeben (Erheblichkeit). Ein Anfechtungsgrund nach § 119 I 1. Fall besteht damit.

b) Eine *ausdrückliche* **Anfechtungserklärung** des D gemäß **§ 143 I** liegt zwar nicht vor, da D das Wort „Anfechtung" nicht verwendet hat. Jedoch hat D *konkludent* gegenüber dem richtigen Anfechtungsgegner H (§ 143 II) zum Ausdruck gebracht, dass er den Vertrag anfechten will.

c) Die Anfechtung müsste **fristgerecht** gemäß **§ 121** erklärt worden sein. Hier hat D unverzüglich nach Erlangung der Kenntnis von seinem Willensmangel die Anfechtung erklärt. *Also* erfolgte die Anfechtung fristgerecht.

d) *Demnach* hat D wirksam angefochten, so dass das Rechtsgeschäft gemäß § 142 I nichtig ist.

3) Ergebnis: H hat gegen D *also* keinen Anspruch aus § 433 II auf Zahlung des Kaufpreises für die 3.600 Rollen.

Tipp: Falls H dadurch, dass er auf die Wirksamkeit der Erklärung des D vertraut hat, einen Schaden erleidet, ist D gemäß **§ 122 I** zum Ersatz des *Vertrauensschadens* verpflichtet. Dazu zählen z.B. die Kosten für den Transport.

Fall 8: Über den Tisch gezogen

▶ **Standort:** Anfechtung gemäß § 123; „Dritter" i.S.d. § 123 II BGB

Dieter (D) ist durch den Verkauf seines Enthüllungsbuchs „So war es wirklich – jetzt mal ganz ehrlich!" zu noch mehr Geld gekommen und möchte seine Wohnungseinrichtung durch einige exquisite Stücke verschönern. Er begibt sich in das Antiquitätenhaus des V und fragt nach einem Original-Biedermeier-Tisch. Der Ladenangestellte (L) des V zeigt dem D eine billige Kopie. Da er um jeden Preis Umsatz machen will, erklärt L jedoch bewusst wahrheitswidrig, dass es sich bei diesem Tisch um einen echten Biedermeier-Tisch handele. D ist begeistert und kauft ihn am nächsten Tag bei V für 5.000 €, ohne auf das Vorgespräch mit L hinzuweisen. Kurz darauf aber erfährt D, dass es sich nicht um einen Biedermeier-Tisch, sondern nur um eine gute Kopie handelt. D ruft sofort bei V an und erklärt die Anfechtung des Kaufvertrags wegen arglistiger Täuschung. V verlangt trotzdem Zahlung. Zu Recht?

Anspruch des V gegen D aus § 433 II auf Zahlung von 5.000 €
Wirksamer Kaufvertrag zwischen D und V?
1. Einigung V-D (+)
2. Nichtigkeit gemäß § 142 I wegen Anfechtung?
   a) Anfechtungsgrund: § 119 II ist bei Vorliegen eines Sachmangels regelmäßig nicht anwendbar, also § 119 II (-)
   b) Anfechtungsgrund: § 123 I 1. Alt.
   aa) Täuschung des L (+)
   bb) Irrtum des D (+);
   cc) Irrtum war kausal für Abgabe der Willenserklärung
   dd) Arglist des L (+)
   ee) Problem: Ist L „Dritter" i.S.d. § 123 II? Nein, nach dem Sinn und Zweck des § 123 II kann als Dritter nicht angesehen werden, wer Vertrauensperson des Erklärenden oder diesem sonst nach Treu und Glauben zuzurechnen ist, vgl. § 278 -> L ist nicht „Dritter"
   c) Anfechtungserklärung des D, § 143 I (+)
   d) Anfechtungsfrist, § 124 (+)
3. Ergebnis: V hat gegen D keinen Anspruch aus § 433 II auf Zahlung

V könnte gegen D einen Anspruch aus § 433 II auf Zahlung des Kaufpreises in Höhe von 5.000 € haben.

Voraussetzung hierfür ist, dass V und D einen **wirksamen Kaufvertrag** geschlossen haben.

1) Dann müssten V und D sich geeinigt haben. Eine **Einigung** kommt zustande durch zwei übereinstimmende Willenserklärungen, nämlich Angebot und Annahme, §§ 145 ff. V hat das Angebot des D auf Abschluss des Kaufvertrags angenommen. Eine Einigung liegt *also* vor.

2) Das Rechtsgeschäft ist gemäß § 142 I von Anfang an **nichtig**, wenn D wirksam angefochten hat.

a) **Anfechtungsgrund** könnte § 119 II (Irrtum über wesentliche Eigenschaften) sein. Dann müsste § 119 II anwendbar sein.

Damit die kaufrechtlichen Gewährleistungsregeln (§§ 434 ff.) nicht umgangen werden, ist eine Anfechtung gemäß § 119 II nach h.M. jedoch **ausgeschlossen**, soweit ein *Sachmangel i.S.d. § 434 I* vorliegt, vgl. auch Fall 19.

Ein Sachmangel ist jede für den Käufer ungünstige Abweichung von der vereinbarten Beschaffenheit. Die Tatsache, dass es sich beim Tisch nicht um ein Original, sondern nur um eine Kopie handelt, stellt eine solche Abweichung und damit einen Sachmangel dar. Eine Anfechtung des D gemäß § 119 II ist *demnach* ausgeschlossen.

b) **Anfechtungsgrund** könnte § 123 I 1. **Alt** sein. § 123 ist im Gegensatz zu § 119 II stets anwendbar, weil ein Verkäufer, der arglistig handelt, keinen Schutz verdient. Voraussetzung ist, dass D durch arglistige Täuschung zur Abgabe seiner Willenserklärung veranlasst worden ist. Es könnte eine *arglistige Täuschung* durch den L gegeben sein.

aa) Täuschung

Täuschung ist jedes Verhalten, durch das Tatsachen vorgespiegelt, entstellt oder unterdrückt werden.

L hat dem D gegenüber erklärt, bei dem Tisch handele es
sich um einen echten Biedermeier-Tisch. Tatsächlich handelte es sich aber um eine Kopie. *Somit* hat L eine Tatsache
vorgespiegelt.

bb) Die Täuschung hat bei D eine Fehlvorstellung und somit
einen entsprechenden **Irrtum** erregt.

cc) Dieser Irrtum war auch **kausal** (ursächlich) dafür, dass D
seine Willenserklärung (Annahme des Angebots) abgegeben hat.

dd) L müsste **arglistig** gehandelt haben.

Arglistig handelt derjenige, der weiß, dass der Vertragspartner seine Willenserklärung ohne die Täuschung nicht
oder mit einem anderen Inhalt abgegeben hätte.

L wusste, dass D davon ausging, für 5.000 € einen echten
Biedermeier-Tisch zu erwerben und nicht nur eine Kopie.
Also handelte L arglistig. Die Voraussetzungen des § 123 I
sind *somit* gegeben.

ee) Problematisch ist jedoch, dass V nicht wusste, dass der
L den D getäuscht hatte. Die Anfechtung des Kaufvertrags
wegen arglistiger Täuschung könnte daher gemäß **§ 123 II 1**
ausgeschlossen sein.

Voraussetzung hierfür ist, dass der L „**Dritter**" i.S.d. § 123 II
1 war. Fraglich ist, wie der Begriff des „Dritten" auszulegen
ist.

> Nach dem Sinn und Zweck des § 123 II kann als Dritter nicht angesehen werden, wer *Vertrauensperson* des Erklärenden oder diesem sonst gemäß *Treu und Glauben zuzurechnen* ist. Der Begriff des Dritten wird also unter **Anwendung des Rechtsgedankens des § 278** ausgelegt.

L ist als Ladenangestellter Erfüllungsgehilfe des V und somit nicht „Dritter" i.S.d. § 123 II 1. Also ist die Anfechtung nicht gemäß § 123 II 1 ausgeschlossen.

c) Eine **Anfechtungserklärung** des D gegenüber V gemäß **§ 143 I** liegt vor.

d) D müsste die **Anfechtungsfrist** des **§ 124 I** gewahrt haben. Diese beginnt gemäß § 124 II mit dem Zeitpunkt der Entdeckung der Täuschung. D hat unmittelbar nach Entdeckung der Täuschung die Anfechtung erklärt und dadurch die Jahresfrist des § 124 I gewahrt. *Demnach* hat D wirksam angefochten, *so dass* das Rechtsgeschäft gemäß § 142 I nichtig ist.

3) Ergebnis: *Also* hat V gegen D keinen Anspruch aus § 433 II auf Zahlung von 5.000 €.

Tipp: Bei arglistiger Täuschung hat der Käufer grundsätzlich ein Wahlrecht, ob er entweder den Kaufvertrag durch Anfechtung „vernichtet" oder stattdessen Gewährleistungsrechte aus §§ 434 ff. geltend macht. Vorliegend hat D sich für die Anfechtung entschieden, so dass Gewährleistungsrechte mangels Vertrags nicht mehr in Betracht kommen.

Fazit: Wenn nicht der Vertragspartner selbst, sondern ein anderer die Täuschung verübt, muss § 123 II angesprochen werden. Zu diskutieren ist hier, ob diese Person als „Dritter" anzusehen ist. Unter Berücksichtigung des Rechtsgedankens des § 278 ist „Dritter" z.B. ein selbständiger Makler oder Vermittler. Angestellte hingegen sind keine „Dritten".

▸ **Literatur**

📖 Skript **„Einführung in das Bürgerliche Recht"**, Lektion 3
📖 Sonnenschein/Weitemeyer, **Jura** 1993, 30 (34) (Klausur)

Fall 9: Hairstyling

▸ **Standort:** Anfechtung einer ausgeübten Innenvollmacht

„Angie" (A) möchte etwas „frischen Wind" in ihre Frisur bringen und sich ein Cabrio mieten. Da sie selbst keine Zeit hat, bevollmächtigt sie ihren Referenten Kaiser (K). Beim Verfassen der Vollmachtsurkunde verschreibt sie sich versehentlich und bevollmächtigt den K, für sie beim Autovermieter Sikst (S) „für den 1. Mai ein Coupe´ zu mieten". Der K schließt mit dem Autovermieter S im Namen der A einen Mietvertrag für ein Coupe´ (= Zweitürer mit nicht abnehmbaren Dach) anstelle eines Mietvertrags für ein Cabrio. Seine Bevollmächtigung legt er dabei nicht vor. Als die A ihren Schreibfehler bemerkt, erklärt sie die Anfechtung der Bevollmächtigung gegenüber K und S. Hat der S gegen die A einen Anspruch auf Zahlung der Miete aus § 535 II ?

Anspruch des S gegen A auf Zahlung aus § 535 II
Voraussetzung: wirksamer Mietvertrag zwischen A und S, § 535
Einigung S - A, die durch ihren Referenten K vertreten wurde, § 164
1. Eigene Erklärung des K (+)
2. In fremdem Namen (+)
3. Vertretungsmacht des K fehlt, wenn A die Bevollmächtigung wirksam angefochten hat
   a) Ist die Anfechtung einer ausgeübten Innenvollmacht zulässig?
     aa) verneinende Ansicht
     bb) bejahende Ansicht
     cc) Stellungnahme
   b) Anfechtungserklärung der A, § 143 I
   c) Anfechtungsgrund, § 119 I
   d) Anfechtungsfrist, § 121
4. Ergebnis: Wegen wirksamer Anfechtung kein Zahlungsanspruch des S

S könnte gegen A einen Anspruch aus § 535 II auf Zahlung der Miete haben.

Voraussetzung hierfür ist, dass S und A einen wirksamen **Mietvertrag** geschlossen haben. Dazu müssten S und A sich **geeinigt** haben.

A selbst hat nicht gehandelt. Sie könnte aber durch den K gemäß **§ 164 I S. 1 vertreten** worden sein. K müsste dazu eine eigene Willenserklärung in fremdem Namen mit Vertretungsmacht abgegeben haben.

1) K hat **eine eigene Willenserklärung abgegeben.**

2) Dies geschah **in fremdem Namen**, nämlich im Namen der A.

3) Fraglich ist, ob K auch **Vertretungsmacht** für den Abschluss des Mietvertrags hatte. Ursprünglich hatte die A dem K eine Innenvollmacht erteilt. Diese Vollmacht ist jedoch gemäß **§ 142 I** als von Anfang an nichtig anzusehen, wenn die A ihre Bevollmächtigung wirksam angefochten hat.

a) K hat dem S die Vollmachtsurkunde nicht gemäß **§ 172 I** vorgelegt, so dass eine Anfechtung grundsätzlich möglich erscheint. Es ist jedoch umstritten, ob eine Vollmacht, die der Vertreter schon zum Geschäftsabschluss mit einem Dritten verwendet hat, nachträglich angefochten werden kann.

aa) Anfechtung nicht möglich

Nach einer Ansicht soll eine betätigte Vollmacht überhaupt nicht angefochten werden können. Folgt man dieser Ansicht, kann vorliegend die A ihre Bevollmächtigung nicht anfechten.

bb) Anfechtung möglich

Nach h.M. kann eine Vollmacht auch nach ihrem Gebrauch angefochten werden. Folgt man dieser Ansicht, kann die A ihre Bevollmächtigung anfechten.

cc) Stellungnahme

Die erste Ansicht bezweckt in erster Linie den Schutz des Dritten und des Vertreters. Befürchtet wird, dass der Vertreter und der Dritte im Falle der Anfechtung auf ihrem Schaden „sitzen bleiben". Zwar muss der Vertreter gemäß § 179 II dem Dritten Schadensersatz leisten und kann seinen Schaden wiederum gemäß § 122 I vom Vollmachtgeber ersetzt verlangen.

Jedoch führt sowohl die etwaige Insolvenz des Vollmachtgebers als auch die des Vertreters dazu, dass die „Anspruchskette" Dritter->Vertreter->Vollmachtgeber versagt: Fällt der Vollmachtgeber in Insolvenz, so erhält der Vertreter regelmäßig nur einen kleinen Teil seines Anspruchs aus § 122 I ersetzt (die sog. „Quote"), muss jedoch gemäß § 179 II seinerseits voll an den Dritten zahlen.

Wird der Vertreter insolvent, so kann sein Insolvenzverwalter gemäß § 122 I den vollen Betrag vom Vollmachtgeber fordern, braucht aber an den Dritten nur das zu zahlen, was unter Berücksichtigung der Ansprüche aller Gläubiger für den Dritten übrigbleibt (die sog. „Quote"). Der Dritte geht dann also fast leer aus.

Obwohl die vorgetragenen Argumente der ersten Ansicht grundsätzlich Zustimmung verdienen, sollte jedoch mit der h.M. berücksichtigt werden, dass die dargelegte Problematik auch dadurch gelöst werden kann, dass der Vollmachtgeber nicht gegenüber dem Vertreter, sondern *gegenüber dem Dritten* die Anfechtung erklärt. Dies führt dazu, dass der Dritte einen „direkten" Anspruch auf Ersatz des Vertrauensschadens gegen den Vollmachtgeber entsprechend § 122 erwirbt. Damit erscheint die h.M. vorzugswürdig. A kann also gegenüber S die Anfechtung erklären.

b) Eine **Anfechtungserklärung** der A gegenüber S liegt vor.

c) Fraglich ist, ob der A ein **Anfechtungsgrund** zusteht. Ein Anfechtungsgrund könnte sich aus § 119 I ergeben. Die Erklärung der A ist gemäß § 119 I anfechtbar, wenn das Erklärte und das mit der Erklärung Gewollte im Zeitpunkt der Abgabe der Willenserklärung unbewusst nicht übereinstimmten. Bei der Abgabe der Erklärung wollte A, dass der K ein Cabrio und nicht ein Coupé anmietete. Erklärtes und Gewolltes stimmten *demnach* im Zeitpunkt der Abgabe der Willenserklärung nicht überein. *Somit* liegt der Anfechtungsgrund des § 119 I vor.

d) A hat die Anfechtung unverzüglich erklärt und damit die **Anfechtungsfrist des § 121** gewahrt.

Folglich hat die A die Bevollmächtigung des K wirksam angefochten. *Also* hat der K ohne Vertretungsmacht gehandelt. *Demnach* hat der K die A nicht wirksam vertreten gemäß § 164 I S.1.

4) Ergebnis: Ein wirksamer Mietvertrag zwischen A und S besteht *daher* nicht. *Deshalb* hat der S gegen die A keinen Anspruch auf Zahlung der Miete aus § 535 II.

Fazit: Wenn jemandem bei der Erteilung einer Vollmacht ein Fehler unterläuft, kann er den *Vertrag,* den der Bevollmächtige danach geschlossen hat, nicht anfechten, da gemäß § 166 I bezüglich der Willensmängel nicht auf die Person des Vertretenen, sondern auf die des *Vertreters* abzustellen ist. Dem *Vertreter selbst* ist kein Irrtum unterlaufen. Zu diskutieren ist in diesen Fällen, ob die Bevollmächtigung, die ja ebenfalls eine *Willenserklärung* darstellt, angefochten werden kann. Die h.M. bejaht dies, wenn nicht gegenüber dem Vertreter, sondern (auch) *gegenüber dem Dritten* die Anfechtung erklärt wird.

▶ **Literatur**

📖 Lipp, **JuS** 2000, 267 (Hausarbeit)

📖 Brox, **JA** 1980, 449 (Grundlagenwissen)

📖 Schwark, **JA** 1993, Ü 152 (gelbe Seiten) (Klausur)

Fall 10: No More Tears

▶ **Standort:** Stellvertretung gemäß § 164, Offenkundigkeitsprinzip

Dieter (D) denkt wehmütig an seine früheren Beziehungen. Das macht ihn etwas traurig. Daher beauftragt er seine Ex-Freundin Estifina (E), für ihn im CD-Shop des V die CD „No More Tears" zu kaufen. Abholen wolle er die CD aber selbst. D übergibt der E 10 € in bar, damit sie die CD sofort bezahlen kann. E kauft die CD und zahlt ohne Hinweis darauf, dass sie sie für den D kaufen wolle. Kurz darauf erscheint der D bei V und verlangt von ihm Eigentums- und Besitzverschaffung an der CD. V ist überrascht und weigert sich. Besteht der Anspruch des D?

Anspruch des D gegen V auf Eigentumsverschaffung aus § 433 I 1
Voraussetzung: wirksamer Kaufvertrag zwischen D und V, § 433
Einigung V - D, der durch die E vertreten wurde, § 164
1. Eigene Erklärung der E (+)
2. In fremdem Namen (-); hier jedoch Bargeschäft des täglichen Lebens
   -> Offenkundigkeitsprinzip muss ausnahmsweise nicht gewahrt werden
3. Vertretungsmacht der E (+)
4. Ergebnis: Wegen wirksamer Vertretung Anspruch des D (+)

Die Stellvertreterin E schließt einen Kaufvertrag mit dem Verkäufer V

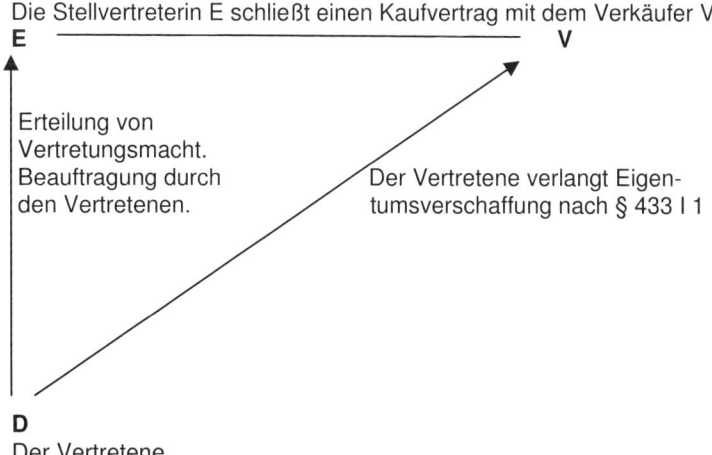

E ——————————————— V

Erteilung von Vertretungsmacht. Beauftragung durch den Vertretenen.

Der Vertretene verlangt Eigentumsverschaffung nach § 433 I 1

D
Der Vertretene

D könnte gegen V einen Anspruch aus § 433 I 1 auf Eigentums- und Besitzverschaffung an der CD haben.

Voraussetzung für einen Anspruch auf Eigentums- und Besitzverschaffung an der CD ist, dass D und V einen **Kaufvertrag** geschlossen haben. Dazu müssten D und V sich **geeinigt** haben. Der D selbst hat nicht gehandelt. Er könnte aber durch die E gemäß § 164 vertreten worden sein.

E und V haben sich über den Kauf der CD geeinigt. Diese Einigung wirkt gemäß **§ 164 I S. 1** für und gegen den D, wenn er wirksam vertreten wurde. E müsste dazu eine eigene Willenserklärung im fremden Namen mit Vertretungsmacht abgegeben haben.

1) Im Geschäft ist E nicht als Botin des D aufgetreten, sondern hat eine **eigene Willenserklärung** abgegeben.

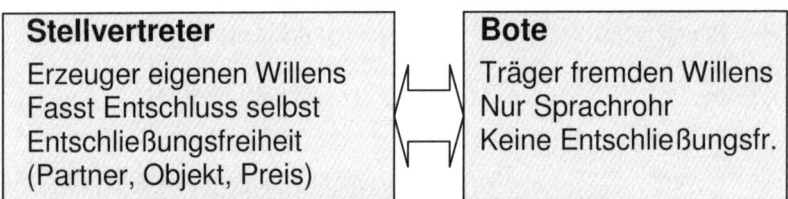

Stellvertreter	Bote
Erzeuger eigenen Willens	Träger fremden Willens
Fasst Entschluss selbst	Nur Sprachrohr
Entschließungsfreiheit	Keine Entschließungsfr.
(Partner, Objekt, Preis)	

2) Fraglich ist, ob E auch **im fremden Namen** gehandelt hat. Der Vertreter muss nach dem *Offenkundigkeitsprinzip* mit seiner Erklärung zum Ausdruck bringen, dass nicht ihn, sondern einen anderen die Rechtsfolgen treffen sollen. E ist aber nicht im Namen des D aufgetreten. *Somit* ist der Tatbestand des § 164 an sich nicht verwirklicht.

In *Ausnahmefällen* kann auf die Offenkundigkeit des Vertretungsverhältnisses jedoch verzichtet werden. Zwei Ausnahmefälle sind hierzu anerkannt, nämlich das *Handeln für den Betriebsinhaber* und das sog. *Geschäft für den, den es angeht*.

Ein **Handeln für den Betriebsinhaber** liegt vor, wenn ein angestellter Mitarbeiter (meist ein Verkäufer) für den Inhaber der Firma ein Geschäft abschließt und der Käufer und Verkäufer sich einig sind, dass der Betriebsinhaber Vertragspartner sein soll. Der Mitarbeiter muss also nicht ausdrücklich darauf hinweisen, dass er für den Betriebsinhaber handelt. Auch ohne diesen Hinweis kommt der Vertrag zwischen dem Käufer und dem Betriebsinhaber, der gemäß § 164 I durch den Verkäufer vertreten worden ist, zustande.

Vorliegend ist aber ein solches Handeln für den Betriebsinhaber nicht gegeben.

Fraglich ist, ob der Ausnahmefall eines **Geschäfts für den, den es angeht** vorliegt. Voraussetzung hierfür wäre, dass es dem V gleichgültig war, wer Vertragspartner wurde.

Ob es dem Verkäufer gleichgültig ist, wer sein Vertragspartner wird, muss gemäß **§§ 133, 157** im Wege der **Auslegung** unter Berücksichtigung der Interessenlage ermittelt werden.

Legt man die Interessen des Käufers und Verkäufers aus, so ergibt sich, dass bei **Geschäften des täglichen Lebens,** die sofort abgewickelt werden, kein Interesse des Dritten (Verkäufers) daran bestehen kann, zu wissen, wer sein Vertragspartner ist. Wichtig ist für ihn allein, dass er den Kaufpreis sofort erhält. Deshalb interessiert ihn in der Regel nicht, für wen der Vertreter handelt.

Vorliegend hat E nicht etwa ein extrem teures Ölgemälde, sondern eine gewöhnliche CD für 10 € gekauft und auch sofort bezahlt. Es liegt *daher* der Ausnahmefall des Geschäfts für den, den es angeht, vor. Es schadet *also* nicht, dass E nicht im Namen des D gehandelt hat.

3) Der D hatte die E mit dem Kauf der CD beauftragt, so dass die E auch **Vertretungsmacht** hatte. Die E hat sich *demnach* stellvertretend für den D mit dem V gemäß § 164 I geeinigt. *Somit* liegt eine Einigung zwischen dem D und dem V vor. Ein wirksamer Kaufvertrag besteht *also*.

4) Ergebnis: D hat *folglich* einen Anspruch gegen V aus § 433 I auf Eigentums- und Besitzverschaffung an der CD.

Fazit: Im Regelfall muss der Vertreter dem Vertragspartner deutlich machen, dass er stellvertretend für einen anderen handelt, sog. Offenkundigkeitsprinzip. Wenn ein Bargeschäft des täglichen Lebens oder ein Handeln für den Betriebsinhaber gegeben ist, ist dies jedoch ausnahmsweise nicht erforderlich.

▶ **Literatur**

📖 Skript „**Einführung in das Bürgerliche Recht**", Lektion 4

📖 Giesen/Hegermann, **Jura** 1991, 357 (Grundlagenwissen)

📖 Singer-Müller, **Jura** 1988, 485 (Anfänger-Klausur)

📖 Seidl/Zimmermann, **Jura** 1993, 34 (Anfänger-Klausur)

📖 Sonnenschein/Nawroth, **JA** 1996, 940 (Examens-Klausur)

Fall 11: Ein Freund, ein guter Freund....?

▶ **Standort:** Missbrauch der Vertretungsmacht, Kollusion

Dieter (D) möchte sich einen gebrauchten Ferrari „F 40" kaufen. Da er von Autos wenig Ahnung hat, erteilt er seinem Freund Alfred (A), einem Automechaniker, Vollmacht für ihn einen „F 40" zu erwerben. A begutachtet den für 199.000 € angebotenen Ferrari des Verkäufers Voss (V). Zwar bemerkt der A, dass der Wagen gravierende Mängel hat und der Preis viel zu hoch ist. V kann den A jedoch überreden, den Wagen trotzdem zu kaufen, indem er ihm als „Provision" 1.000 € verspricht. Damit ist A einverstanden. Zudem vereinbaren A und V, die „Provision" auf den Kaufpreis aufzuschlagen. Nachdem A den Wagen im Namen des D für 200.000 € gekauft hat, verlangt V Zahlung von D aus § 433 II. D, der inzwischen die Hintergründe erfahren hat, weigert sich, die 200.000 € zu zahlen. Zu Recht?

Anspruch des V gegen D auf Zahlung aus § 433 II
Voraussetzung: wirksamer Kaufvertrag zwischen D und V, § 433
Einigung V - D, der durch den A vertreten wurde, § 164
1. Eigene Erklärung des A (+)
2. In fremdem Namen (+)
3. Vertretungsmacht des A (+)
4. Unwirksamkeit des Vertrags wegen Missbrauch der Vertretungsmacht
   a) Evidenz
   b) Kollusion
5. Ergebnis: Kaufvertrag ist unwirksam, Zahlungsanspruch des V (-)

V könnte gegen D einen Anspruch aus § 433 II auf Zahlung des Kaufpreises haben.

Voraussetzung hierfür ist, dass D und V einen wirksamen **Kaufvertrag** geschlossen haben. Dazu müssten D und V sich **geeinigt** haben. D selbst hat nicht gehandelt. Er könnte aber durch den A gemäß **§ 164 I S. 1 vertreten** worden sein. A müsste dazu eine eigene Willenserklärung in fremdem Namen mit Vertretungsmacht abgegeben haben.

1) A hat **eine eigene Willenserklärung** abgegeben.

2) Dies geschah **in fremdem Namen**, nämlich im Namen des D.

3) A hatte auch **Vertretungsmacht** für den Abschluss des Kaufvertrags.

4) Problematisch ist jedoch, ob der A **im Rahmen seiner Vertretungsmacht** gehandelt hat. Grundsätzlich bleibt ein Vertrag zwar wirksam, wenn der Vertreter die mit dem Vertretenen getroffenen Vereinbarungen (Innenverhältnis) überschreitet. Vorliegend könnte allerdings ein *Missbrauch der Vertretungsmacht* gegeben sein. Hierbei sind zwei Fallgruppen anerkannt:

a) Evidenz

Die erste Fallgruppe betrifft Fälle, in denen der Vertreter bewusst seine Vollmacht überschreitet und der Vertragspartner den Missbrauch kennt oder kennen muss, weil dieser *evident* ist, sog. **Evidenz.** Dann ist der Vertrag nach der Literatur entsprechend § 177 I schwebend unwirksam, der Vertretene kann ihn also genehmigen.

b) Kollusion

Die zweite Fallgruppe behandelt die Fälle der sog. **Kollusion.** Ein kollusives Zusammenwirken ist gegeben, wenn der Vertreter und der Vertragspartner einverständlich zum Zwecke der Schädigung des Vertretenen zusammenarbeiten. Es ist h.M., dass Vereinbarungen, welche Angestellte, Bevollmächtigte oder sonstige Vertreter einer Partei im Einverständnis mit dem Vertragsgegner zum *eigenen Vorteil* „hinter dem Rücken" des Vertretenen und zu dessen *Schaden* treffen, gegen die guten Sitten i.S.d. § 138 I verstoßen und daher nichtig sind.

Vorliegend hat der A die Bevollmächtigung durch D mit dem Ziel ausgenutzt, sich selbst um 1.000 € „Provision" zu bereichern. Gleichzeitig wurden diese 1.000 € auf den Kaufpreis aufgeschlagen, *so dass* dem D schon deshalb ein Schaden in Höhe von 1.000 € entstanden ist. Zudem ergibt sich ein Schaden des D auch daraus, dass der Wagen wegen gravierender Mängel den Preis von 200.000 € nicht wert war.

Folglich liegt ein Missbrauch der Vertretungsmacht durch den A in Form eines kollusiven Zusammenwirkens vor. Der Kaufvertrag ist *also* wegen Verstoßes gegen § 138 I nichtig.

5) Ergebnis: V kann von D *daher* nicht Zahlung des Kaufpreises aus § 433 II fordern.

Abwandlung 1

> Dieter (D) bittet seinen Freund Alfred (A), stellvertretend für ihn einen gebrauchten Ferrari „F 40" zu kaufen. A sieht eine Möglichkeit, endlich seinen eigenen, stark reparaturbedürftigen „F 40" loszuwerden. Er schließt daher als Stellvertreter des D mit sich selbst einen Kaufvertrag über seinen „F 40". Als A von D Zahlung des Kaufpreises verlangt, weigert sich dieser. Kann A von D Zahlung des Kaufpreises fordern?

A könnte gegen D einen Anspruch aus § 433 II auf Zahlung des Kaufpreises haben.

Voraussetzung hierfür ist, dass A und D einen wirksamen **Kaufvertrag** geschlossen haben. Dazu müssten A und D sich **geeinigt** haben.

D selbst hat nicht gehandelt. Er könnte aber durch den A gemäß **§ 164 I S. 1 vertreten** worden sein. A müsste dazu eine eigene Willenserklärung in fremdem Namen mit Vertretungsmacht abgegeben haben.

1) A hat (gegenüber sich selbst) **eine eigene Willenserklärung** abgegeben.

2) Dies geschah **in fremdem Namen**, nämlich im Namen des D.

3) A hatte auch **Vertretungsmacht** für den Abschluss des Kaufvertrags.

4) Nach **§ 181** könnte die Vertretungsmacht aber beschränkt gewesen sein. Danach ist das Schließen eines Vertrags mit sich selbst grundsätzlich untersagt. Ausnahmen vom Selbstkontrahierungsverbot bestehen nach dem Wortlaut des § 181 nur dann, wenn das Selbstkontrahieren *gestattet ist* oder das Rechtsgeschäft *ausschließlich in der Erfüllung einer Verbindlichkeit* besteht. Beide Ausnahmen greifen aber vorliegend nicht ein. Rechtsfolge des § 181 ist, dass das Rechtsgeschäft *schwebend unwirksam* ist. Der Vertretene kann es aber nach **§ 177 I genehmigen**. Eine solche Genehmigung hat D jedoch nicht erteilt.

5) Ergebnis: Mangels Vertretungsmacht hat A *also* den D nicht wirksam gemäß § 164 I vertreten. *Demnach* besteht kein wirksamer Kaufvertrag zwischen A und D. *Folglich* kann A von D nicht Kaufpreiszahlung aus § 433 II fordern.

Abwandlung 2

Bevor A Automechaniker wurde, hatte er ein Semester Jura studiert, es dann aber abgebrochen. A erinnert sich jedoch noch dunkel an § 181. Um diesen zu umgehen, schließt er den Kaufvertrag über den „F 40" nicht direkt mit sich selbst, sondern bestellt den B zu seinem Vertreter. Danach schließt er mit B als Stellvertreter des D einen Kaufvertrag über seinen „F 40". Als A von D Zahlung des Kaufpreises verlangt, weigert sich dieser. Kann A Zahlung fordern?

A könnte gegen D einen Anspruch aus § 433 II auf Zahlung des Kaufpreises haben.

Voraussetzung hierfür ist, dass A und D einen wirksamen **Kaufvertrag** geschlossen haben. Dazu müssten A und D sich **geeinigt** haben. D selbst hat nicht gehandelt. Er könnte aber durch den A gemäß **§ 164 I S. 1 vertreten** worden sein. A müsste dazu eine eigene Willenserklärung in fremdem Namen mit Vertretungsmacht abgegeben haben.

1) A hat gegenüber B **eine eigene Willenserklärung** abgegeben.

2) Dies geschah **in fremdem Namen**, nämlich im Namen des D.

3) A hatte auch **Vertretungsmacht** für den Abschluss des Kaufvertrags. Nach **§ 181** könnte die Vertretungsmacht aber beschränkt gewesen sein. Danach ist das Schließen eines Vertrags mit sich selbst grundsätzlich untersagt. Zwar hat der A hier nicht mit sich selbst, sondern mit einer anderen Person, nämlich dem B, den Kaufvertrag abgeschlossen. Es bestand *also* keine *Personenidentität*.

Der Sinn und Zweck des § 181 könnte es jedoch gebieten, diese Vorschrift auch dann anzuwenden, wenn keine Personenidentität besteht.

Der Sinn und Zweck des § 181 besteht darin, den Vertretenen vor den Folgen einer *Interessenkollision* zu schützen. Es besteht grundsätzlich die Gefahr, dass der Vertreter Rechtsgeschäfte tätigt, die für ihn selbst vorteilhaft, für den Vertretenen jedoch nachteilig sind. § 181 wird *deshalb* nach h.M. auch dann angewandt, wenn wirtschaftlich gesehen auf beiden Seiten des Vertrags dieselbe Person steht. Das ist insbesondere dann der Fall, wenn der Vertreter beim Abschluss des Vertrags für sich selbst einen Vertreter auftreten lässt.

Vorliegend hat der B als Vertreter des A gehandelt. *Damit* hat A quasi mit sich selbst den Kaufvertrag geschlossen. § 181 ist *demnach* anwendbar. Rechtsfolge des § 181 ist, dass das Rechtsgeschäft *schwebend unwirksam* ist. Der Vertretene kann es aber nach **§ 177 I genehmigen**. Eine solche Genehmigung hat D jedoch nicht erteilt.

5) Ergebnis: Mangels Vertretungsmacht hat A *also* den D nicht wirksam gemäß § 164 I vertreten. *Demnach* besteht kein wirksamer Kaufvertrag zwischen A und D. *Folglich* kann A von D nicht Kaufpreiszahlung aus § 433 II fordern.

Fazit: Auch dann, wenn dem Vertreter Vertretungsmacht erteilt wurde, kann der geschlossene Vertrag (schwebend) unwirksam sein. Die Unwirksamkeit kann sich aus **§ 181** (Verbot des Selbstkontrahierens) oder aus dem **Missbrauch der Vertretungsmacht** ergeben. Bei Kollusion ist der Vertrag gemäß § 138 I nichtig, bei Evidenz nach Ansicht der Literatur entsprechend § 177 I schwebend unwirksam. Der Vertretene kann ihn also genehmigen.

Fall 12: Knigge in der heutigen Zeit

▸ **Standort:** Vertreter ohne Vertretungsmacht gemäß § 179

Nachdem Ernst (E) gegen einen Expo-Pavillon uriniert hat, bestellt seine Freundin Carolin (C) stellvertretend für ihn beim Buchhändler V das 4-bändige Werk "Knigge in der heutigen Zeit" zum Preis von 1.000 €. Sie ging bei diesem Kauf davon aus, dass ihr Freund ihr eine entsprechende Vollmacht erteilt hatte. Tatsächlich lag eine solche nicht vor. V ruft mehrmals bei E im Ausland an, um ihm mitzuteilen, dass die bestellten Bücher abgeholt werden können. Als V den E endlich erreicht, erklärt dieser sich mit dem Geschäft nicht einverstanden, da an seinen Manieren nichts auszusetzen sei. V verlangt nun von C Zahlung von 200 €. In dieser Höhe hätte er Gewinn gemacht, wenn der Vertrag ordnungsgemäß erfüllt worden wäre. Sofern dies nicht möglich ist, begehrt er Ersatz seiner Telefonkosten von 20 €. Zu Recht?

I. Anspruch des V gegen C auf Zahlung von 200 € aus § 179 I
1. Die C handelte stellvertretend für E, jedoch ohne Vertretungsmacht
2. E hat die Genehmigung des Vertrags verweigert
3. Rechtsfolge: Wahlrecht des Dritten
4. Begrenzung des Anspruchs auf den Vertrauensschaden, § 179 II
5. Rechtsfolge: Kein Anspruch des V auf Zahlung von 200 € aus § 179 II

II. Anspruch des V gegen C auf Zahlung von 20 € aus § 179 II
1. Unkenntnis der C vom Mangel ihrer Vertretungsmacht
2. Betrag übersteigt nicht den Betrag des Interesses des V an der Wirksamkeit
3. Rechtsfolge: Anspruch des V auf Zahlung von 20 € aus § 179 II (+)

V könnte gegen C einen Anspruch aus § 179 I auf Zahlung der 200 € haben.

1) Voraussetzung für einen Anspruch aus § 179 I ist, dass der Vertreter **in fremdem Namen**, aber **ohne Vertretungsmacht** gehandelt hat. C ist im Namen ihres Freundes E aufgetreten und verfügte auch nicht über eine entsprechende Vollmacht.

2) Des weiteren muss der Vertretene die **Genehmigung verweigert** haben. E hat sich mit dem Geschäft nicht einverstanden erklärt. Er hat somit die Genehmigung verweigert. *Folglich* liegen die Voraussetzungen des § 179 I vor.

3) Als **Rechtsfolge** bestimmt § 179 I ein Wahlrecht des Dritten. Er kann vom Vertreter Erfüllung oder Schadensersatz wegen Nichterfüllung verlangen. Hier hat V Schadensersatz wegen Nichterfüllung gewählt.

Beim **Schadensersatz wegen Nichterfüllung** kann der Dritte verlangen, so gestellt zu werden, als sei das Geschäft ordnungsgemäß erfüllt worden.

Wäre das Geschäft vorliegend ordnungsgemäß abgewickelt worden, hätte V einen Gewinn in Höhe von 200 € gemacht. *Demnach* beläuft sich sein Schaden auf 200 €.

4) Möglicherweise ist aber der Anspruch gemäß §179 II auf das negative Interesse (Vertrauensschaden) begrenzt. Voraussetzung dafür ist gemäß **§ 179 II**, dass die C den Mangel ihrer Vertretungsmacht **nicht gekannt** hat. Die C ging davon aus, ihr Freund habe ihr eine Vollmacht erteilt. Sie hatte keine Kenntnis vom Mangel ihrer Vertretungsmacht. Der Anspruch des V ist daher gemäß §179 II auf das negative Interesse (Vertrauensschaden) begrenzt.

5) Ergebnis: V hat *somit* keinen Anspruch auf Schadensersatz wegen Nichterfüllung in Höhe von 200 € aus § 179 I.

V könnte gegen C einen Anspruch aus § 179 II auf Zahlung der 20 € Telefonkosten haben.

1) Gemäß § 179 II ist der Vertreter zum Ersatz des Vertrauensschadens verpflichtet, wenn er den Mangel der Vertretungsmacht nicht gekannt hat. Vorliegend ging C irrtümlich von einer entsprechenden Vollmacht aus. Sie ist *somit* zum Ersatz des Vertrauensschadens verpflichtet.

> Ist der **Vertrauensschaden** zu ersetzen, kann der Dritte verlangen, so gestellt zu werden, als habe er von dem Rechtsgeschäft nie etwas gehört.

In diesem Fall hätte der V nicht mehrfach bei E im Ausland angerufen. Ihm wären keine Telefonkosten in Höhe von 20 € entstanden. Die Telefonkosten, die V im Vertrauen auf die Wirksamkeit des Kaufvertrages aufgewendet hat, sind *folglich* sein Vertrauensschaden.

2) Die Telefonkosten übersteigen auch nicht den Betrag des Interesses, das der V an der Wirksamkeit des Vertrags hat.

3) Ergebnis: *Also* kann V von C die Telefonkosten ersetzt verlangen. V hat *somit* gegen C einen Anspruch aus § 179 II auf Zahlung der Telefonkosten in Höhe von 20 €.

> **Fazit:** § 179 schützt das *Vertrauen* des Vertragspartners in die Vertretungsmacht und begründet eine *Garantiehaftung.* Der Vertreter kann seine Schadensersatzpflicht minimieren bzw. ihr ganz entgehen, wenn er nachweist, dass
> - er den Mangel der Vertretungsmacht nicht gekannt hat (§ 179 II)
> - der andere Teil den Mangel der Vertretungsmacht kannte oder kennen musste (§ 179 III 1)
> - er selbst in der Geschäftsfähigkeit beschränkt, insbesondere minderjährig war (§ 179 III 2).

▶ **Literatur**

📖 Skript „**Einführung in das Bürgerliche Recht**", Lektion 4

📖 Prölls, **JuS** 1986, 170 (Grundlagenwissen)

Fall 13: Gepennt!

▶ **Standort:** Stellvertretung, Anscheins- und Duldungsvollmacht

Die Telefonistin „Tanja" (T) ist beim Möbelfabrikanten „Hülstern" (H) beschäftigt. Seit längerer Zeit hat sie sich angewöhnt, Bestellungen der Kunden selbst anzunehmen, anstatt diese mit dem dazu bevollmächtigten Angestellten A durchzusprechen. Der Hoteldirektor Dietmar Dingerkus (D) schließt mit der T einen Kaufvertrag über 10 Betten des Modells "One-Night-Stand". Da dieses Modell entgegen seinem Namen sehr standfest ist, kauft D bei T mehrmals nacheinander je weitere 10 Betten. H hatte von dem Verhalten der T nichts erfahren, weil er sich um seinen Betrieb zu wenig gekümmert hat. Wegen gestiegener Holzpreise weigert er sich, dem D die 10 zuletzt von T verkauften Betten zu liefern. Er weist darauf hin, dass er die T nicht bevollmächtigt habe. Kann der D Lieferung der Betten von H verlangen?

Anspruch des D gegen H auf Lieferung aus § 433 I 1
1. Einigung D-H, der gemäß § 164 I vertreten wurde durch die T?
   a) Eigene Willenserklärung der T
   b) In fremdem Namen
   c) Vertretungsmacht der T (-), da sie von H nicht bevollmächtigt wurde
   d) Zurechnung des Handelns der T kraft Rechtsscheins?
      aa) Duldungsvollmacht
      bb) Anscheinsvollmacht
         (1) Rechtsschein einer Bevollmächtigung bestand
         (2) Rechtsschein wurde von H zurechenbar veranlasst
         (3) D hat gutgläubig auf Vertretungsmacht der T vertraut
         (4) Ergebnis: Anscheinsvollmacht liegt vor
      cc) Erste abweichende Ansicht: nur Anspruch aus c.i.c
      dd) Zweite abweichende Ansicht: Pflicht zur Genehmigung
      ee) Stellungnahme: Anscheinsvollmacht ist anzuerkennen
2. Der Vertrag ist gemäß § 142 I nichtig, wenn H wirksam angefochten hat
   a) Anfechtungserklärung des H durch schlüssiges Verhalten (+)
   b) Ist ein Rechtsscheintatbestand anfechtbar?
      aa) Bejahende Ansicht
      bb) Verneinende Ansicht
      cc) Stellungnahme: Es liegt keine Willenserklärung vor, daher keine Anfechtbarkeit
3. Ergebnis: D hat gegen H einen Anspruch aus § 433 I 1 auf Lieferung

D könnte gegen H einen Anspruch aus § 433 I 1 auf Eigentums- und Besitzverschaffung an den Betten haben.

Voraussetzung für einen Anspruch auf Eigentums- und Besitzverschaffung an den Betten ist, dass D und H einen wirksamen **Kaufvertrag** geschlossen haben. Dazu müssten D und H sich **geeinigt** haben.

1) H selbst hat nicht gehandelt. Er könnte aber durch die T gemäß § 164 I S. 1 **vertreten** worden sein. T müsste dazu eine eigene Willenserklärung in fremdem Namen mit Vertretungsmacht abgegeben haben.

a) T hat **eine eigene Willenserklärung abgegeben.**

b) Dies geschah **in fremdem Namen**, nämlich im Namen des H.

c) Fraglich ist, ob T auch **Vertretungsmacht** für den Abschluss des Kaufvertrages hatte. T war jedoch nur als Telefonistin eingestellt. H hatte der T keine Vollmacht erteilt, Verträge abzuschließen. Somit kommt eine rechtsgeschäftlich eingeräumte Vertretungsmacht nicht in Betracht.

d) H muß sich aber trotz tatsächlich fehlender Vollmachtserteilung an die T deren Erklärung zurechnen lassen, wenn ein **Rechtsschein** einer entsprechenden Bevollmächtigung besteht. In Betracht kommt eine Duldungs- oder Anscheinsvollmacht.

aa) Duldungsvollmacht

Eine **Duldungsvollmacht** verlangt, dass der Vertretene das Verhalten des für ihn Handelnden tatsächlich kennt und es duldet.

H wusste aber nicht, dass T seit längerem als sein Vertreter auftrat. Eine Duldungsvollmacht scheidet deshalb aus.

bb) Anscheinsvollmacht

> Es könnte jedoch eine **Anscheinsvollmacht** vorliegen. Eine Anscheinsvollmacht ist gegeben, wenn der Vertretene das Handeln seines angeblichen Vertreters bei pflichtgemäßer Sorgfalt hätte erkennen und verhindern können. Durch eine gewisse Häufigkeit und Dauer des Auftretens des angeblichen Vertreters muss der Anschein entstanden sein, der Vertretene kenne und dulde das Auftreten.

Es müssen somit die Voraussetzungen der Anscheinsvollmacht geprüft werden.

> **(1)** Es müsste zunächst der **Rechtsschein einer Bevollmächtigung** vorliegen.

Der D müsste nach Treu und Glauben mit Rücksicht auf die Verkehrssitte auf eine Bevollmächtigung geschlossen haben. D wusste aus früheren Gelegenheiten, dass die T auch sonst seit längerer Zeit Vertragsangebote für den H annahm. Daraus war D zu dem Schluss berechtigt, H habe die T insoweit bevollmächtigt. Der Rechtschein einer Bevollmächtigung lag *somit* vor.

> **(2)** Des weiteren muss der Vertretene den Rechtsschein der Bevollmächtigung in **zurechenbarer Weise gesetzt** haben.

Hätte H sich um seinen Betrieb in angemessener Weise gekümmert, wäre das Verhalten der T aufgefallen und ihr Verhalten hätte abgestellt werden können. Der H hat *folglich* den Rechtsschein der Bevollmächtigung in zurechenbarer Weise gesetzt.

> **(3)** Der Vertragspartner muss **gutgläubig** sein.

D hat, ohne fahrlässig zu handeln, auf den Bestand der Vollmacht vertraut. Er war *somit* gutgläubig.

(4) Ergebnis: Die Voraussetzungen der Anscheinsvollmacht liegen *also* vor. *Daher* muss sich H nach den Grundsätzen der Anscheinsvollmacht so behandeln lassen, als hätte er der T eine entsprechende Vollmacht eingeräumt.

cc) Erste abweichende Ansicht der Literatur

In der **Literatur** (*Flume*, BR AT, § 49 Rdn. 4) wird das Institut der Anscheinsvollmacht teilweise abgelehnt. Diese Ansicht geht davon aus, dass die fahrlässige Verletzung einer Sorgfaltspflicht nicht zum Zustandekommen eines Vertrages führen kann. Ein Verschulden könne einer Willenserklärung nicht gleichgesetzt werden. Daher solle der Geschäftsherr nicht auf das Erfüllungsinteresse, sondern lediglich auf den Vertrauensschaden aus culpa in contrahendo (c.i.c.) haften.

Nach dieser Ansicht würde sich auch bei Feststellung einer Sorgfaltspflichtverletzung durch H in Bezug auf das Auftreten der T keine Haftung auf Erfüllung ergeben. H wäre nicht an den Kaufvertrag gebunden.

dd) Zweite abweichende Ansicht der Literatur

Eine weitere Ansicht (*Peters*, AcP 179, 237 f.) geht davon aus, dass derjenige, der fahrlässig den Schein einer Vollmacht erzeugt, nach Treu und Glauben zur Genehmigung des Vertretergeschäfts verpflichtet sei. Genehmige er nicht, so sei er schadensersatzpflichtig. Dieser Schadensersatzanspruch sei auf das Erfüllungsinteresse gerichtet.

Folgt man dieser Ansicht, so müsste H das Geschäft der T genehmigen, so dass er zur Lieferung verpflichtet wäre.

ee) Stellungnahme

Die Ansichten gelangen zu unterschiedlichen Ergebnissen, *so dass* eine Streitentscheidung notwendig ist. Für die Anerkennung der Anscheinsvollmacht spricht, dass auch nach §§ 170 ff. Vollmachtswirkungen eintreten, ohne dass dies dem Verpflichtungswillen des Vertretenen entspricht. Aus §§ 170 ff. ergibt sich der allgemeine Rechtsgedanke, dass das Vertrauen des Vertragspartners in das Bestehen der Vollmacht schutzwürdig ist. Ihm gegenüber muss daher der Rechtsschein als Wirklichkeit gelten. Es ist *somit* die Existenz der Anscheinsvollmacht anzuerkennen.

Die von T abgegebene Erklärung wirkt *folglich* gemäß § 164 I S.1 für und gegen H. Eine Einigung liegt *also* vor.

2) Auch wenn die Einigung erzielt worden ist, kommt der Vertrag nicht zustande, wenn **Nichtigkeitsgründe** vorliegen. Das Rechtsgeschäft ist gemäß **§ 142 I** nichtig, wenn H gemäß §§ 119 ff. anficht.

a) Die **Anfechtungserklärung** muss gemäß § 143 I gegenüber dem Anfechtungsgegner erfolgen. *Ausdrücklich* hat H die Anfechtung nicht erklärt. Er hat jedoch die Lieferung der Betten verweigert und auf die fehlende Vertretungsmacht verwiesen. Damit hat er durch *schlüssiges Verhalten* die Anfechtung erklärt.

b) Umstritten ist, ob eine Anscheinsvollmacht mit rückwirkender Kraft nach den §§ 119 ff. angefochten werden kann.

aa) Bejahende Ansicht

Eine Mindermeinung (*RGRK/Steffen*, § 167, Rdnr. 19) geht davon aus, dass eine Anscheinsvollmacht mit rückwirkender Kraft nach den §§ 119 ff. angefochten werden kann. Folgt man dieser Meinung, so hatte H gegenüber D das Recht, die Anscheinsvollmacht anzufechten.

bb) Verneinende Ansicht

Nach überwiegender Ansicht *(Palandt/Heinrichs*, § 173, Rdnr. 19) kann eine Anscheinsvollmacht nicht mit rückwirkender Kraft nach den §§ 119 ff. angefochten werden. Folgt man dieser Meinung, so hatte H gegenüber D nicht das Recht, die Anscheinsvollmacht anzufechten.

c) Stellungnahme

Eine Anfechtung setzt regelmäßig das **Vorliegen einer Willenserklärung** voraus. Bei einer Anscheinsvollmacht ist jedoch gerade keine Willenserklärung, sondern lediglich ein *Rechtsscheinstatbestand* gegeben. Sinn und Zweck eines solchen Rechtsscheinstatbestandes ist der Schutz des Rechtsverkehrs. Dieser Schutz würde unterlaufen, wenn man eine Anfechtung zuließe. Daher ist der zweiten Ansicht zu folgen. Ein einmal gesetzter Rechtsschein kann folglich nicht rückwirkend vernichtet werden. Somit hatte H vorliegend nicht das Recht zur Anfechtung gemäß §§ 119 ff.

Somit ist ein wirksamer Kaufvertrag zwischen D und H zustande gekommen.

3) Ergebnis: D hat *also* gegen H einen Anspruch aus § 433 I 1 auf Eigentums- und Besitzverschaffung an den Betten.

Abwandlung

> Was ändert sich im Ausgangsfall, wenn dem H schon längere Zeit bekannt war, dass die T für ihn als Vertreter handelte, er aber nichts dagegen unternommen hat?

1) Anders als im Ausgangsfall könnte hier eine Duldungsvollmacht vorliegen.

> Eine **Duldungsvollmacht** verlangt, dass der Vertretene das Verhalten des für ihn Handelnden tatsächlich kennt und es duldet. Der Vertragspartner muss gutgläubig auf eine Bevollmächtigung vertraut haben.

Diese Voraussetzungen sind in der Abwandlung erfüllt, so dass eine Duldungsvollmacht gegeben ist.

2) In der **Literatur** (*Flume*, BR AT, § 49 Rdn. 3) wird das Institut der Duldungsvollmacht teilweise abgelehnt. Diese Ansicht geht davon aus, dass eine **Vollmachtserteilung durch konkludentes Verhalten** vorliege.

Folgt man dieser Ansicht, hätte der H die T konkludent bevollmächtigt, indem er sie wiederholt für sich als Vertreter handeln ließ.

3) Nach allen Ansichten hätte die T stellvertretend für H den Kaufvertrag geschlossen, eine Streitentscheidung ist daher an dieser Stelle nicht erforderlich.

4) Zur Anfechtbarkeit einer Duldungsvollmacht vgl. die Ausführungen zur Anscheinsvollmacht: Ein Rechtsschein kann nach h.M. nicht rückwirkend durch Anfechtung beseitigt werden.

> **Fazit:** Kommt man in der Klausur zu dem Ergebnis, dass der Vertreter nicht bevollmächtigt wurde, so ist zu überlegen, ob eine Anscheins- oder eine Duldungsvollmacht vorliegt.

▸ Literatur

📖 Skript „**Einführung in das Bürgerliche Recht**", Lektion 4
📖 Schreiber, **Jura** 1997, 104 (Grundfälle)

Fall 14: Ein viel zu teures Darlehen

▸ **Standort:** Wucher gemäß § 138, Bereicherungsrecht

> Die K-Bank gewährt dem Baulöwen Jürgen S. (S) einen
> Kredit in Höhe von 6.000 € und zahlt ihn in bar aus. Der
> effektive Jahreszins soll 20% betragen, obwohl nur 7 bis 8 %
> üblich sind. Nach Auszahlung des Darlehens erhält S von
> seinem Anwalt die Auskunft, der Vertrag sei wegen der Zins-
> höhe nichtig. S verweigert daher die Rückzahlung des Kre-
> dits. Welche Ansprüche hat die K-Bank gegen S?

I. Anspruch der K-Bank gegen S auf Rückzahlung aus § 488 I 2
Wirksamer Darlehensvertrag?
1. Einigung zwischen K-Bank und S (+)
2. Wirksamkeit
  a) Nichtigkeit gemäß § 138 II?
    aa) Auffälliges Missverhältnis (+)
    bb) Ausnutzung einer Schwächesituation des S (-)
      (1) keine Unerfahrenheit des S
      (2) kein Mangel an Urteilsvermögen bei S
      (3) keine Zwangslage oder Willensschwäche
      (4) Ergebnis: § 138 II greift nicht ein
  b) Sittenwidrigkeit gemäß § 138 I (+)
3. Ergebnis: Vertrag ist nichtig, daher kein Anspruch aus § 488 I 2

II. Anspruch der K-Bank gegen S auf Rückzahlung aus § 812 I 1, 1.Alt.
1. S hat Besitz und Eigentum am Geld und damit „etwas erlangt"
2. Dies geschah durch eine Leistung der K-Bank
3. Ohne Rechtsgrund (+), da der Darlehensvertrag nichtig ist
4. Rückzahlungsanspruch gemäß § 814 oder § 817 S. 2 ausgeschlossen?
  a) § 814 greift nicht ein, da keine positive Kenntnis der Bank
  b) § 817 S. 2 ist zwar erfüllt, schließt aber nach h.M. nur einen
    Anspruch auf Zahlung der Zinsen aus
5. Ergebnis: Die K-Bank kann die 6.000 € aus § 812 I 1, 1. Alt.
zurückfordern

I. Die K-Bank könnte gegen S einen Anspruch aus § 488 I 2 auf Rückzahlung des Darlehens haben.

Die K-Bank und S müssten eine wirksame Einigung über
den Abschluss eines Darlehensvertrages erzielt haben.

1) Die K-Bank und S haben sich über die Bestandteile eines Darlehensvertrages **geeinigt**.

2) Fraglich ist aber, ob die getroffene Einigung auch **wirksam** ist.

a) Die Einigung könnte wegen Verstoßes gegen § **138 II nichtig** sein.

aa) Zunächst müsste zwischen der vereinbarten Leistung und der Gegenleistung ein **auffälliges Missverhältnis** bestehen. Zu vergleichen ist somit die Leistung der K-Bank, die Kapitalüberlassung, mit der Gegenleistung des S, den von ihm zu zahlenden Zinsen.

Ein **auffälliges Missverhältnis** ist dann anzunehmen, wenn der marktübliche Zins um etwa 100% überschritten wird.

Geht man von üblichen Kreditkosten in Höhe von ca. 7 - 8 % aus, wird dieser Satz um über 100% überschritten. *Somit liegt ein auffälliges Missverhältnis vor.*

bb) Des Weiteren ist erforderlich, dass eine der in § 138 II genannten *Schwächesituationen*, nämlich Ausbeutung einer Zwangslage, Unerfahrenheit, Mangel an Urteilsvermögen oder erhebliche Willensschwäche beim Darlehensnehmer S vorliegt.

(1) Für die **Unerfahrenheit** wäre ein vom Durchschnittsmenschen abweichender Mangel an Geschäftskenntnis und Lebenserfahrung erforderlich. Dies ist bei S nicht feststellbar.

(2) Für einen **Mangel an Urteilsvermögen** ist erforderlich, dass die Fähigkeit, das Rechtsgeschäft richtig zu bewerten, überdurchschnittlich herabgesetzt ist. Hierfür liegen auch keine Anhaltspunkte bei S vor.

(3) Auch für eine **Zwangslage** oder **Willensschwäche** liefert der Sachverhalt keine Angaben.

(4) Ergebnis: Die Einigung ist *daher* nicht gemäß § 138 II unwirksam.

b) Die Einigung könnte aber wegen **Sittenwidrigkeit** gemäß **§ 138 I** nichtig sein. Das wäre dann der Fall, wenn sie gegen das Rechts- und Anstandsgefühl aller billig und gerecht Denkenden verstieße. Dieses könnte wegen **Vorliegens eines wucherähnlichen Geschäfts** der Fall sein.

Ein auffälliges Missverhältnis zwischen Leistung und Gegenleistung liegt, wie schon oben erwähnt, vor. Es verstößt gegen das Rechts- und Anstandsgefühl aller billig und gerecht Denkenden, wenn eine Bank, bei der davon auszugehen ist, dass sie die üblichen Konditionen eigentlich kennen müsste, einen deutlich überteuerten Kredit vergibt.

Somit ist die zwischen S und der K-Bank getroffene Darlehensvereinbarung (der Vertrag) wegen Sittenwidrigkeit gemäß § 138 I nichtig.

3) Ergebnis: Die K-Bank hat *folglich* keinen Anspruch aus § 488 I 2 auf Darlehensrückzahlung.

II. Die K-Bank könnte gegen S einen Anspruch aus § 812 I 1, 1. Alt. auf Rückzahlung der Darlehnssumme haben.

1) Der S hat Eigentum und Besitz am Geld und damit **etwas erlangt**.

2) Dies müsste durch eine **Leistung** der K-Bank geschehen sein.

Unter „**Leistung**" versteht man die bewusste und zweckgerichtete Vermehrung fremden Vermögens.

Die K-Bank hat den Kredit geleistet, um ihre Verpflichtung aus dem Darlehensvertrag zu erfüllen. Eine Leistung der K-Bank liegt *also* vor.

3) Ohne Rechtsgrund ist die Leistung erfolgt, da der Darlehensvertrag – wie oben festgestellt - gemäß § 138 I unwirksam ist. S hat *also* Eigentum und Besitz am Geld ohne Rechtsgrund erlangt.

4) Möglicherweise ist aber der Rückzahlungsanspruch gemäß § 814 oder § 817 S. 2 ausgeschlossen.

a) Der Sachverhalt liefert keine Angaben dazu, dass die Bank **positive Kenntnis** von der Nichtigkeit des Darlehensvertrages hatte, *so dass* § 814 nicht eingreift.

b) Möglicherweise ist der Rückzahlungsanspruch aber gemäß **§ 817 S. 2** ausgeschlossen. Voraussetzung ist, dass die K-Bank wusste, dass ihr Tun gegen die **guten Sitten** verstößt. Im Gegensatz zu § 814 ist nicht positive Kenntnis erforderlich, es genügt *grobfahrlässige Unkenntnis*. Die K-Bank hat Erkundigungen offensichtlich unterlassen und daher grob fahrlässig die Sittenwidrigkeit ihres Tuns nicht erkannt. *Somit* ist der Tatbestand des § 817 S. 2 erfüllt.

Die **Rechtsfolge** des § 817 S. 2 bestimmt, dass erbrachte Leistungen, die *endgültig* im Vermögen des Empfängers verbleiben sollen, nicht zurückgefordert werden können. Der Darlehensbetrag sollte aber wieder an die K-Bank zurückgezahlt werden. Die K-Bank hat den Darlehensbetrag *also* nicht endgültig dem S überlassen. *Somit* ist der Rückzahlungsanspruch nicht durch § 817 S. 2 ausgeschlossen.

Tipp: § 817 S. 2 schließt, wenn eine Bank sittenwidrig Darlehen vergibt, nach h.M. nur die *Zinsforderung* der Bank aus. Das „geliehene" Geld selbst hingegen kann die Bank stets zurückfordern.

5) Ergebnis: Die K-Bank hat *demnach* einen Anspruch aus § 812 I 1, 1. Alt. auf Rückzahlung der 6.000 €.

Fazit: Ein Darlehensvertrag zu einem völlig überteuerten Zinssatz kann gemäß § 138 I wegen Sittenwidrigkeit nichtig sein. Die Bank kann das Geld dann nur gemäß § 812 I 1, 1. Alt. zurückfordern. § 817 S. 2 schließt den Rückzahlungsanspruch nach h.M. nicht aus.

Tipp: Ähnlich wie der „Wucherfall" verläuft der sog. „Schwarzarbeiterfall", bei dem ein Handwerker für seinen Auftraggeber im gegenseitigen Einvernehmen „schwarz" tätig wird: Der Werkvertrag ist wegen eines beiderseitigen Verstoßes gegen das Schwarzarbeitergesetz (= gesetzliches Verbot) gemäß § 134 nichtig. Folge: Der Auftraggeber hat keine Mängelrechte aus § 634, der Handwerker keinen Vergütungsanspruch aus § 631 I.

Ein Vergütungsanspruch des Handwerkers aus Geschäftsführung ohne Auftrag (§§ 677, 683, 670) scheitert regelmäßig am fehlenden *Fremdgeschäftsführungswillen* des Handwerkers. Zu diskutieren ist dann, ob dem Handwerker für die geleistete Arbeit ein Zahlungsanspruch aus § 812 I 1, 1. Alt. zusteht. Zweifellos hat der Auftraggeber durch die Leistung des Handwerkers etwas erlangt. Dies geschah auch ohne Rechtsgrund, da der Werkvertrag nichtig ist. Problematisch ist jedoch, ob der Anspruch nicht gemäß § 814 oder gemäß § 817 S. 2 ausgeschlossen ist. Während die für § 814 erforderliche *positive Kenntnis* von der Nichtigkeit des Werkvertrags meist verneint werden kann, ist bei § 817 S. 2 heftig umstritten, ob dieser Anwendung findet. *Für* eine Anwendung des § 817 S. 2 spricht, dass das Schwarzarbeitergesetz umgangen würde, wenn der Handwerker über § 812 I 1 eine Vergütung fordern könnte. *Gegen* die Anwendung des § 817 S. 2 spricht, dass hierdurch alleine der Auftraggeber einen Vorteil erzielen würde: Er müsste die erbrachte Leistung des Handwerkers nicht vergüten.

Fall 15: Das verschwundene Mischpult

‣ **Standort:** Kaufvertrag, Unmöglichkeit, Annahmeverzug

Dieter (D) möchte seinen nächsten Superhit produzieren. Er bestellt aus diesem Grund bei V telefonisch ein Mischpult des Typs "Megasound" zum günstigen Abholpreis von 12.500 €. V packt die Anlage ein, stellt sie in seinem sorgsam gesicherten Lagerraum beiseite und fordert D erfolglos auf, die Anlage abzuholen. 14 Tage später wird die Anlage bei einem Einbruch gestohlen. D verlangt Lieferung eines anderen Mischpults. V erklärt sich hiermit nicht einverstanden, sondern fordert seinerseits Zahlung der 12.500 €. Sind die beiden Ansprüche begründet?

I. Anspruch des D gegen V auf Lieferung aus § 433 I 1
1. Anspruch durch Abschluss des Kaufvertrags entstanden (+)
2. Anspruch untergegangen gemäß § 275 I?
   a) Unmöglichkeit bei einer Gattungssache grds. (-)
   b) Hier aber Konkretisierung gemäß § 243 II, Unmöglichkeit daher (+)
3. Ergebnis: Wegen Unmöglichkeit kein Anspruch aus § 433 I 1

II. Anspruch des V gegen D auf Zahlung aus § 433 II
1. Anspruch durch Abschluss des Kaufvertrags entstanden (+)
2. Anspruch untergegangen gemäß § 326 I?
   a) Grds. ist Zahlungsanspruch untergegangen wegen Unmöglichkeit
   b) Anspruch geht aber ausnahmsweise nicht unter bei Annahmeverzug des D, § 446 Satz 3
      aa) Der Schuldner V war gemäß § 271 zur Leistung berechtigt
      bb) Der Schuldner V hat gemäß §§ 294, 295 dem Gläubiger D ein Leistungsangebot gemacht
      cc) Gemäß § 297 war V ferner zur Leistung bereit und imstande
      dd) D hat das Leistungsangebot des V nicht angenommen, § 293
3. Ergebnis: Der Annahmeverzug liegt vor, der Zahlungsanspruch aus § 433 II ist nicht gemäß § 326 I 1 untergegangen

I. D könnte gegen V einen Anspruch aus § 433 I 1 auf Eigentums- und Besitzverschaffung an dem Mischpult haben.

Voraussetzung hierfür ist, dass der Anspruch entstanden und nicht untergegangen ist.

1) D und V haben sich wirksam über den Abschluss eines Kaufvertrages geeinigt. Der Anspruch auf Eigentums- und Besitzverschaffung aus § 433 I ist demnach **entstanden**.

2) Dieser Anspruch könnte untergegangen sein. Es könnte ein **Ausschluss der Leistungspflicht** gemäß § 275 I vorliegen. Dazu müsste dem V die Erfüllung der Leistungsverpflichtung nach dem Einbruch in seinem Geschäft unmöglich geworden sein.

a) V schuldete zunächst Besitz- und Eigentumsverschaffung an einer Anlage des Typs "Megasound". Diese Leistungspflicht ist jedoch nur der *Gattung* nach bestimmt, so dass seine Leistungspflicht solange nicht unmöglich geworden ist, wie es Anlagen dieses Typs gibt. V ist dann in der Lage, ein anderes Mischpult aus der Gattung zu liefern.

b) Unmöglichkeit liegt aber vor, wenn zuvor **Konkretisierung** gemäß **§ 243 II** auf diese bestimmte (gestohlene) Anlage erfolgt ist. Aus der Gattungsschuld ist dann eine *Stückschuld* geworden.

Dazu müsste V mit der Aussonderung und der Aufforderung, das Gerät abzuholen, das seinerseits Erforderliche gemäß § 243 II getan haben.

Ob Konkretisierung eingetreten ist, hängt davon ab, ob es sich um eine *Bring-, Schick- oder Holschuld* handelt.

D und V haben eine Holschuld vereinbart, da D die Anlage abholen sollte.

> Bei einer **Holschuld** hat der Schuldner das "seinerseits Er-
> forderliche" getan, wenn er eine Sache mittlerer Art und
> Güte aussondert und den Gläubiger zum Abholen auffordert.

V hat das Gerät in seinem Lagerraum bereitgestellt und den
D gebeten, es sofort abzuholen. Er hat damit das zur Leistung seinerseits Erforderliche getan. *Somit* ist Konkretisierung an diesem Mischpult eingetreten.

Die geschuldete Anlage ist gestohlen worden. V kann *also*
Eigentum und Besitz an dieser Anlage nicht mehr verschaff-
en. *Folglich* ist der Anspruch auf Eigentums- und Besitzverschaffung gemäß § 275 I untergegangen.

3) Ergebnis: *Demnach* hat D hat keinen Anspruch gegen V
aus § 433 I 1 auf Eigentums- und Besitzübertragung an dem
Mischpult.

**II. V könnte gegen D einen Anspruch aus § 433 II auf
Zahlung von 12.500 € haben.**

Auch hier ist Voraussetzung, dass der Anspruch entstanden
und nicht untergegangen ist.

1) D und V haben sich wirksam über den Abschluss eines
Kaufvertrages geeinigt. Dadurch ist der Kaufpreisanspruch
entstanden.

2) Der Kaufpreisanspruch könnte gemäß **§ 326 I Satz 1
untergegangen** sein.

a) Wie oben festgestellt, braucht der V gemäß § 275 I das
Eigentum und den Besitz am Mischpult nicht mehr zu über-
tragen. Somit könnte der Anspruch auf die Gegenleistung in
Höhe von 12.500 € gemäß § 326 I 1 entfallen sein.

> **b)** Allerdings ist der Kaufpreisanspruch gemäß **§ 446 Satz 3** (vgl. auch § 326 II Satz 1) nicht untergegangen, wenn D im Zeitpunkt des Diebstahls im **Annahmeverzug** war.

Dazu müssten die Voraussetzungen des Annahmeverzuges vorliegen.

aa) Der Schuldner V war gemäß **§ 271** zur Leistung **berechtigt**.

bb) Der Schuldner muss gemäß **§§ 294, 295** dem Gläubiger ein Angebot der Leistung gemacht haben. Ein **tatsächliches Angebot** hat V nicht abgegeben. D musste die Anlage aber abholen, *so dass* gemäß § 295 S.1 ein **wörtliches Angebot** ausreichte. V hat den D aufgefordert, das Mischpult abzuholen. *Somit* hat der V die Leistung ordnungsgemäß angeboten.

cc) Gemäß **§ 297** muss der Schuldner ferner zur Leistung bereit und imstande sein. Dies war bei V gegeben.

dd) Der Annahmeverzug setzt schließlich gemäß **§ 293** voraus, dass der Gläubiger das Leistungsangebot des Schuldners **nicht angenommen hat**. D hat die Mitwirkungshandlung, das Abholen des Mischpults, unterlassen.

Die Voraussetzungen des Gläubigerverzuges liegen *demnach* vor. *Folglich* ist der Kaufpreiszahlungsanspruch nicht gemäß § 326 I Satz 1 entfallen.

3) Ergebnis: V kann von D *also* Zahlung des Kaufpreises in Höhe von 12.500 € verlangen.

▸ **Literatur**

📖 Löhnig, **JA** 2002, 127 (Kurzdarstellung zur Unmöglichkeit)
📖 von Koppenfels, **JuS** 2002, 569 (Top-Anfänger-Klausur)

Fall 16: Teatime-Table

▶ **Standort:** Werkvertrag, Unmöglichkeit, Annahmeverzug

> Rosamunde Bilcher (B) bringt ihren Teatime-Table zu dem Malermeister Klecks (K) mit der Bitte, ihn zu lackieren. Als K den fertig lackierten Tisch zu der vereinbarten Stunde bei B abliefern will, trifft er nur deren Putzfrau Hannelore (H) an, die einen Blick darauf wirft, jedoch von nichts weiß. K nimmt den Tisch notgedrungen wieder mit. Kurz darauf wird er durch einen zufälligen Brand in der Wohung des K vollkommen zerstört. B will deshalb den Werklohn in Höhe von 150 € nicht zahlen. Hat K einen Anspruch auf Werklohn?

Anspruch des K gegen B auf Zahlung aus § 631 I
1. Anspruch durch Abschluss des Werkvertrags entstanden (+)
2. Anspruch untergegangen gemäß § 326 I?
   a) Grds. ist Zahlungsanspruch untergegangen wegen Unmöglichkeit
   b) Ausnahme: Preisgefahr ist auf die B übergegangen
      aa) Anspruch geht ausnahmsweise nicht unter, wenn Abnahme durch B erfolgt ist, § 644 I Satz 1, hier (-)
      bb) Anspruch geht ausnahmsweise nicht unter bei Annahmeverzug der B, § 644 I Satz 2, hier (+)
        (1) Der Schuldner K war gemäß § 271 zur Leistung berechtigt
        (2) Ein tatsächliches Angebot des K war gemäß § 296 entbehrlich
        (3) Gemäß § 297 war K ferner zur Leistung bereit und imstande
        (4) B hat das Leistungsangebot des K nicht angenommen, § 293
3. Ergebnis: Der Annahmeverzug liegt vor, der Zahlungsanspruch aus § 631 I ist wegen § 644 I 2 nicht gemäß § 326 I 1 untergegangen

---

<u>K könnte gegen B einen Anspruch aus § 631 I auf Zahlung des Werklohns in Höhe von 150 € haben.</u>

Voraussetzung hierfür ist, dass der Anspruch entstanden und nicht untergegangen ist.

1) Voraussetzung für die Entstehung des Werklohnanspruchs ist, dass K und B einen **Werkvertrag** geschlossen haben. Hier haben sich K und B über den Abschluss eines Werkvertrages geeinigt.

2) Der Anspruch könnte **untergegangen** sein. Das ist gemäß **§ 326 I Satz 1** grds. der Fall, wenn der K gemäß § 275 I nicht leisten muss. K muss nicht leisten, wenn seine Leistung unmöglich geworden ist.

a) Unmöglichkeit liegt vor, wenn das Gläubigerinteresse von niemandem mehr befriedigt werden kann. Vorliegend sollte der K der B den Tisch lackiert übergeben. Der Tisch ist jedoch verbrannt, *so dass* niemand diese Verpflichtung mehr erfüllen kann. Unmöglichkeit ist *also* gegeben.

b) Die in § 326 I Satz 1 bestimmte Rechtsfolge tritt aber nicht ein, d.h. der Anspruch auf die **Gegenleistung bleibt bestehen**, wenn dies gesetzlich angeordnet ist, sog. Preisgefahr.

aa) Fraglich ist, ob mit der Betrachtung des Tisches durch H die Preisgefahr auf die B übergegangen ist.

> Mit der **Abnahme** (§ 640 I 1) des Werks geht gemäß **§ 644 I S. 1** die Preisgefahr vom Unternehmer auf den Besteller über.

Fraglich ist, was unter „Abnahme" zu verstehen ist.

> Nach allgemeiner Ansicht verlangt die Abnahme neben der realen Entgegennahme des Werks auch eine ausdrückliche oder stillschweigende **Erklärung** des Bestellers, dass er das Werk als in der Hauptsache vertragsgemäß anerkenne.

B selbst hat diese Erklärung nicht abgegeben. Ihre Putzfrau H indes war zu einer Billigung der Lackierarbeit nicht befugt. Auch hat K keine Abnahmefrist gemäß § 640 I 3 festgelegt. Somit fehlt es an einer Abnahme. Die Preisgefahr ist nicht gemäß § 644 I S. 1 auf B übergegangen.

bb) Die Preisgefahr ist aber nach § 644 I S. 2 auf B übergegangen, wenn diese sich in **Annahmeverzug** befand. Zu prüfen ist somit, ob die Voraussetzungen des Annahmeverzuges vorliegen:

(1) Gemäß § 294 muss der Schuldner **dem Gläubiger** die Leistung im Regelfall tatsächlich anbieten. Das Leistungsangebot des Schuldners muss also so beschaffen sein, dass der Gläubiger nichts weiter tun braucht, als zuzugreifen. B war zu der vereinbarten Zeit jedoch nicht zu Hause, *so dass* der K der B die Leistung nicht tatsächlich anbieten konnte.

(2) Ist jedoch für die Leistung ein bestimmter Termin vereinbart, dann gerät der Gläubiger, den der Schuldner nicht am Leistungsort antrifft, auch ohne ein tatsächliches Angebot in Annahmeverzug, § 296. Vorliegend war B zu der vereinbarten Stunde nicht zu Hause. Ein tatsächliches Angebot war also gemäß § 296 entbehrlich.

(3) Der Schuldner K war auch gemäß § 297 **zur Leistung bereit und imstande.**

(4) Es liegt eine **Nichtannahme** durch B gemäß § 293 vor.

Die Voraussetzungen des Gläubigerverzuges liegen *somit* vor. Rechtsfolge des § 644 I S. 2 ist, dass die Gefahr auf die B übergegangen ist. *Demnach* ist der Werklohnanspruch nicht gemäß § 326 I Satz 1 untergegangen.

3) Ergebnis: K hat *also* gegen B einen Anspruch aus § 631 I auf Zahlung des Werklohns in Höhe von 150 €.

▶ **Literatur**
📖 von Koppenfels, **JA** 2002, 861 (Klausur)
📖 Reinkenhof, **Jura** 2002, 433 (Grundlagen Werkvertragsrecht)
📖 Teichmann, **JuS** 2002, 417 (Grundlagen Werkvertragsrecht)

Fall 17: Der schief gelaufene Transport

▸ **Standort:** Firmeneigenes Personal beim Versendungskauf, 447

Ricky Rackwitz (R), der in München eine Tierhandlung betreibt, kauft auf der Rückreise nach München beim kölner Tiermöbelhersteller Willy Wau (W) 10 Hundekörbe der Marke „Fiffie". Er bittet darum, ihm die Körbe auf Kosten des W nach München zu senden. Der W ist damit einverstanden. Eine Woche später wird der Transport der Hundekörbe durch einen Angestellten des W mit einem firmeneigenen LKW ausgeführt. Durch einen Verkehrsunfall werden die Körbe zerstört, ohne dass den Angestellten ein Verschulden trifft. W verlangt von R Zahlung des Kaufpreises in Höhe von 4.350 €. R ist damit nicht einverstanden, sondern verlangt Lieferung von 10 neuen Hundekörben.

I. Anspruch des R gegen W auf Lieferung aus § 433 I 1
1. Anspruch durch Abschluss des Kaufvertrags entstanden (+)
2. Anspruch untergegangen gemäß § 275 I?
   a) Unmöglichkeit bei einer Gattungssache grds. (-)
   b) Hier aber Konkretisierung gemäß § 243 II, Unmöglichkeit daher (+)
      aa) keine Holschuld
      bb) keine Bring-, sondern eine Schickschuld wegen § 269 III
3. Ergebnis: Wegen Unmöglichkeit kein Anspruch aus § 433 I 1

II. Anspruch des W gegen R auf Zahlung aus § 433 II
1. Anspruch durch Abschluss des Kaufvertrags entstanden (+)
2. Anspruch untergegangen gemäß § 326 I?
   a) Grds. ist Zahlungsanspruch untergegangen wegen Unmöglichkeit
   b) Anspruch geht aber ausnahmsweise nicht unter bei Versendungskauf, § 447
      aa) § 447 anwendbar, da kein Verbrauchsgüterkauf (§ 474 I) vorliegt
      bb) Versand an einen anderen Ort als den Erfüllungsort (+)
      cc) Auf Verlangen des R
      dd) Problem: Transport durch firmeneigenes Personal
         (1) Erste Ansicht: § 447 bei Eigentransport nicht anwendbar
         (2) Zweite Ansicht: § 447 auch bei Eigentransport anwendbar
         (3) Stellungnahme
      ee) Zufälliger Untergang, da kein Verschulden des W; Angestellter des W ist auch kein Erfüllungsgehilfe (§ 278), da Transport nicht mehr zum Pflichtenkreis des W gehörte
      ff) Ergebnis: Voraussetzungen des § 447 liegen vor

3. Ergebnis: Der Zahlungsanspruch aus § 433 II ist nicht gemäß § 326 I 1 untergegangen

R könnte gegen W einen Anspruch aus § 433 I 1 auf Eigentums- und Besitzverschaffung an den 10 Hundekörben haben.

1) R und W haben einen **Kaufvertrag** über die Hundekörbe geschlossen. Der Anspruch ist *somit* **entstanden.**

2) Dieser Anspruch könnte **untergegangen** sein. Es könnte ein **Ausschluss der Leistungspflicht** gemäß § 275 I vorliegen. Dazu müsste dem W die Erfüllung der Leistungsverpflichtung nach dem Unfall unmöglich geworden sein.

a) Ein Verkäufer hat grundsätzlich die Pflicht, die von ihm verkauften Sachen auch zu beschaffen. W schuldete dem R daher zunächst Besitz- und Eigentumsverschaffung an 10 Hundekörben der Marke „Fiffie". Diese Leistungspflicht ist jedoch nur der **Gattung** nach bestimmt.

Tipp: Eine *Gattungsschuld* liegt vor, wenn die Parteien den Kaufgegenstand nur nach *gleichartigen Merkmalen* bestimmen, die für eine Vielzahl gleichartiger Gegenstände zutreffen und die durch gemeinschaftliche Merkmale gekennzeichnet sind.

Beispiel: X bestellt einen Sessel aus einem Katalog. Bäcker Y bestellt 3 Zentner Weizen. Diese Güter sind Massengüter und existieren daher in großer Zahl. Dagegen liegt eine *Stückschuld* vor, wenn ein ganz bestimmter, konkreter Gegenstand verkauft wird. Beispiel hierfür wäre der Kauf einer bestimmten antiken Kommode aus einem Antiquitätengeschäft. Diese gibt es nur einmal. Geht diese eine Sache unter, ist bereits Unmöglichkeit gegeben.

W ist aufgrund der Gattungseigenschaft der Körbe in der Lage, 10 andere Körbe aus der Gattung zu liefern. Dem W ist also seine Leistungspflicht solange nicht unmöglich geworden, wie es Hundekörbe dieser Marke gibt.

b) Unmöglichkeit liegt aber vor, wenn zuvor **Konkretisierung** gemäß **§ 243 II** auf diese bestimmten (zerstörten) Körbe erfolgt ist. Aus der Gattungsschuld ist dann eine *Stückschuld* geworden. Dazu müsste W das **seinerseits Erforderliche** gemäß § 243 II getan haben. Ob W das „seinerseits Erforderliche" getan hat, ist davon abhängig, ob es sich um eine Bring-, Schick- oder Holschuld gehandelt hat.

aa) Holschuld

Bei der **Holschuld** muss der Verkäufer die Ware nur zu dem vereinbarten Termin bereitstellen und den Käufer benachrichtigen. Der Käufer wiederum ist verpflichtet, die Sache abzuholen.

Vorliegend war vereinbart, dass W die Körbe nach München schickte. *Demnach* scheidet eine Holschuld offensichtlich aus.

bb) Bring- oder Schickschuld

Fraglich ist hier, ob es sich um eine **Bring-** oder **Schickschuld** handelt.

Bei der **Bringschuld** muss der Verkäufer den Kaufgegenstand aussondern und ihn am Wohnsitz des Käufers (Gläubigers) anbieten. Der sog. *Leistungsort* ist bei der Bringschuld der Wohnsitz des Käufers.

Bei der **Schickschuld** hingegen reicht es aus, wenn der Kaufgegenstand ausgesondert und einer Transportperson übergeben wird. Der Leistungsort ist bei der Schickschuld der Wohnsitz des Verkäufers (Schuldners).

Für eine Bringschuld könnte vorliegend sprechen, dass vereinbart war, dass der W die Körbe auf seine Kosten nach München senden sollte. Leistungsort ist jedoch gemäß § 269 I grundsätzlich der Ort der Niederlassung des Schuldners, hier also Köln.

Gemäß § 269 III kann aus der Vereinbarung, dass der Schuldner die Kosten der Versendung übernimmt, auch nicht allein geschlossen werden, dass eine Bringschuld besteht. Im Zweifel ist auch hier der Sitz des Schuldners der Leistungsort.

Mangels besonderer Anhaltspunkte liegt *somit* eine **Schickschuld** vor. Bei der Schickschuld reicht die Übergabe an eine Transportperson vor Ort aus, damit Konkretisierung gemäß § 243 II eintritt. Dies hat W getan.

Das Schuldverhältnis konkretisierte sich *folglich* auf die 10 zerstörten Hundekörbe. W kann Eigentum und Besitz an diesen konkreten Körben nicht mehr übertragen. Unmöglichkeit liegt *also* vor.

3) Ergebnis: Der Anspruch ist *demnach* nach § 275 I untergegangen. R hat *somit* keinen Anspruch auf Eigentums- und Besitzverschaffung an den Hundekörben.

W könnte gegen R einen Anspruch aus § 433 II auf Zahlung des Kaufpreises in Höhe von 4.350 € haben.

Voraussetzung hierfür ist, dass der Anspruch entstanden und nicht untergegangen ist.

1) W und R haben sich über den Abschluss eines **Kaufvertrages** geeinigt. Der Kaufpreisanspruch aus § 433 II ist *demnach* **entstanden.**

2) Der Anspruch könnte gemäß **§ 326 I Satz 1** entfallen sein.

a) Wie oben festgestellt, muss der W gemäß § 275 I das Eigentum und den Besitz an den Körben nicht mehr zu übertragen. *Somit* könnte der Anspruch auf die Gegenleistung in Höhe von 4.350 € gemäß § 326 I 1 entfallen sein.

b) Der Kaufpreisanspruch des W bleibt jedoch unter den Voraussetzungen des **§ 447** ausnahmsweise bestehen.

aa) § 447 müsste zunächst **anwendbar** sein. Nach **§ 474 II Satz 2** ist § 447 nicht anwendbar, wenn ein Verbraucher von einem Unternehmer eine bewegliche Sache kauft, sog. *Verbrauchsgüterkauf.*

(1) Verbraucher ist gemäß **§ 13** jede natürliche Person, die ein Rechtsgeschäft zu einem Zweck abschließt, der weder ihrer gewerblichen noch ihrer selbständigen beruflichen Tätigkeit zugerechnet werden kann.

(2) Unternehmer ist nach **§ 14 I** eine natürliche oder juristische Person oder eine rechtsfähige Personengesellschaft, die bei Abschluss eines Rechtsgeschäfts in Ausübung ihrer gewerblichen oder selbständigen beruflichen Tätigkeit handelt.

Vorliegend handelten R und W beide in Ausübung ihrer gewerblichen Tätigkeit und waren daher beide Unternehmer i.S.d. § 474 I. *Daher* ist § 447 anwendbar.

bb) W müsste die Hundekörbe **nach einem anderen Ort** als dem **Erfüllungsort** versandt haben. Erfüllungsort ist gemäß § 269 grundsätzlich der Ort der Niederlassung des Schuldners, hier also Köln. Die Versendung erfolgte nach München und *damit* an einen anderen Ort als dem Erfüllungsort.

cc) R hat darum gebeten, ihm die Körbe zuzuschicken. Die Versendung erfolgte *somit* **auf Verlangen** des R.

dd) Nach dem Wortlaut des § 447 ist weiterhin Voraussetzung, dass der Verkäufer die Kaufsache dem Spediteur, Frachtführer oder einer sonst mit der Ausführung der Versendung bestimmten Person übergibt. W hat jedoch eine **firmeneigene Person** mit der Überbringung der Körbe betraut. Umstritten ist, ob § 447 auch in diesem Fall anwendbar ist:

(1) Ausschluss des § 447 I bei Eigentransport

Nach einer Ansicht (z.B. *Medicus,* BR, Rdnr. 275) kann die Gefahrtragungsregel des § 447 I beim Transport durch den Verkäufer selbst oder durch seine Leute nicht eingreifen. Hierfür spreche bereits der Wortlaut des § 447. § 447 rede von der Übergabe an den Spediteur, Frachtführer oder sonst zur Ausführung der Versendung bestimmten Person oder Anstalt. Es müsse also eine *unabhängige Person* die Auslieferung vornehmen. Ferner setze das „Ausliefern" die Besitzübertragung voraus. Auch die Entstehungsgeschichte deute darauf hin, dass der Transport durch eigenes Personal auszunehmen sei. Ferner sprächen Sinn und Zweck gegen die Anwendbarkeit beim Eigentransport, denn der Verkäufer solle nicht für Gefahren aus der Sphäre Dritter haften.

Nach dieser Ansicht würde vorliegend § 447 wegen des von W selbst durchgeführten Transports nicht eingreifen.

(2) Anwendung auch bei Transport durch Verkäufer

Die h.M. (z.B. *Larenz,* Schuldrecht II, § 42 II c) geht davon aus, dass § 447 auch beim Transport durch eigene Leute und durch den Verkäufer selbst Anwendung findet. § 447 regele, dass bei der Übernahme der Lieferungspflicht als Nebenpflicht nicht auch noch das Transportrisiko übernommen werden soll. Es sei zu eng, die Entlastungswirkung des § 447 I nur auf den Transport durch Dritte zu beschränken. Denn Interessenlage und wirtschaftlicher Hintergrund (der Käufer soll die Transportkosten tragen) seien beim Transport durch Dritte wie durch den Verkäufer selbst identisch. Würde dem Verkäufer das Transportrisiko aufgebürdet, stünde dies den Wirkungen einer Bringschuld gleich, welche aber gerade nicht vereinbart wurde.

Nach dieser Ansicht würde vorliegend § 447 eingreifen.

(3) Stellungnahme

Der Wortlaut des § 447 I ist nicht eindeutig. Die historische Auslegung muss bei hinlänglich erfassbarem Sinn und Zweck der Norm zurücktreten. Bei § 447 geht es nicht – wie die erste Ansicht es annimmt – um Gefahrbeherrschung, sondern um Risikozuweisung. Der Verkäufer soll nicht dadurch schlechter gestellt werden, dass der Leistungserfolg sich zeitlich verzögert.

> Der Versendungskauf geschieht auf Verlangen des Käufers und ohne konkretes eigenes Interesse des Verkäufers. Es ist ein Entgegenkommen des Verkäufers, wenn er die Sachen versendet. Ihm sollen daher nicht auch noch die Risiken der Versendung aufgebürdet werden.

Eine andere Lösung wäre inkonsequent, da gerade keine Bringschuld vereinbart ist. Es ist daher der zweiten Ansicht zuzustimmen. § 447 I ist also auch auf den Transport durch den Verkäufer anwendbar. Dass die Subsumtion des Eigentransports unter das Merkmal der „Auslieferung" nicht problemlos möglich ist, kann über eine sehr weite Auslegung oder über eine analoge Anwendung des § 447 I auf den Eigentransport gelöst werden.

Auch der Transport durch W unterfällt damit der Regelung des § 447 I.

ee) Zufälliger Untergang

Die Körbe müssten zufällig untergegangen sein. Zufall i. S. v. § 447 liegt vor, wenn der Verkäufer den Untergang oder die Verschlechterung nicht zu vertreten hat. Der Unfall wurde von W selbst nicht verschuldet. Fraglich ist, ob dem W ein etwaiges Verschulden seines Angestellten über § 278 zugerechnet werden kann. Dann müsste der Angestellte sein Erfüllungsgehilfe gewesen sein.

Erfüllungsgehilfe ist, wer mit Wissen und Wollen des Schuldners für diesen in dessen Pflichtenkreis tätig wird.

Da eine *Schickschuld* vorlag und der Transport *also* nicht mehr zum Pflichtenkreis des W gehörte, war der Angestellte auch nicht sein Erfüllungsgehilfe gemäß § 278. Außerdem handelte der Angestellte laut Sachverhalt ohne Verschulden. Der Untergang der Körbe geschah *also* zufällig.

ff) Ergebnis: Die Voraussetzungen des § 447 I sind *somit* erfüllt. Rechtsfolge des § 447 ist, dass die Gefahr auf R übergegangen ist. *Demnach* ist der Kaufpreisanspruch nicht gemäß § 326 I 1 entfallen.

3) Ergebnis: Der W kann *also* von R Zahlung des Kaufpreises in Höhe von 4.350 € aus § 433 II verlangen.

Abwandlung 1

R betreibt in München keine Tierhandlung, sondern ist Beamter. Da er sehr tierlieb ist, bestellt er die 10 Körbe, um sie dem örtlichen Tierheim als Spende zukommen lassen. R bittet den W, ihm die Körbe auf Kosten des W nach München zu senden. Wie im Ausgangsfall werden die Körbe unterwegs bei einem Unfall zerstört. W verlangt von R Zahlung des Kaufpreises in Höhe von 4.350 €. Zu Recht?

W könnte gegen R einen Anspruch aus § 433 II auf Zahlung des Kaufpreises in Höhe von 4.350 € haben.

Voraussetzung hierfür ist, dass der Anspruch entstanden und nicht untergegangen ist.

1) W und R haben sich über den Abschluss eines **Kaufvertrages** geeinigt. Der Kaufpreisanspruch aus § 433 II ist *demnach* **entstanden.**

2) Der Anspruch könnte gemäß **§ 326 I Satz 1** entfallen sein.

a) Wie im Ausgangsfall festgestellt, braucht der W gemäß § 275 I das Eigentum und den Besitz an den Körben nicht mehr zu übertragen. *Somit* könnte der Anspruch auf die Gegenleistung in Höhe von 4.350 Euro gemäß § 326 I 1 entfallen sein.

b) Der Kaufpreisanspruch des W bleibt jedoch unter den Voraussetzungen des **§ 447** ausnahmsweise bestehen. § 447 müsste zunächst **anwendbar** sein. Nach **§ 474 II Satz 2** ist § 447 nicht anwendbar, wenn ein Verbraucher von einem Unternehmer eine bewegliche Sache kauft, sog. *Verbrauchsgüterkauf.*

aa) Verbraucher ist gemäß **§ 13** jede natürliche Person, die ein Rechtsgeschäft zu einem Zweck abschließt, der weder ihrer gewerblichen noch ihrer selbständigen beruflichen Tätigkeit zugerechnet werden kann.

bb) Unternehmer ist nach **§ 14 I** eine natürliche oder juristische Person oder eine rechtsfähige Personengesellschaft, die bei Abschluss eines Rechtsgeschäfts in Ausübung ihrer gewerblichen oder selbständigen beruflichen Tätigkeit handelt.

Vorliegend kaufte R die Hundekörbe als Spende für das örtliche Tierheim. Er handelte *also* nicht in Ausübung einer gewerblichen oder selbständigen beruflichen Tätigkeit und war daher „Verbraucher" i.S.d. §§ 13, 474 I. *Daher* ist § 447 nicht anwendbar. Folglich bleibt der Kaufpreisanspruch nicht ausnahmsweise nach § 447 bestehen.

c) Der Kaufpreisanspruch bleibt auch unter den Voraussetzungen des **§ 446** ausnahmsweise bestehen. Da § 474 II Satz 2 den § 446 nicht nennt, ist § 446 auch anwendbar, wenn ein Verbraucher von einem Unternehmer kauft (Verbrauchsgüterkauf).

Nach § 446 Satz 1 geht die Gefahr grds. erst dann auf den Käufer über, wenn ihm die Sache **übergeben** worden ist, er also den *Besitz* daran erlangt hat. R hat aber vorliegend aufgrund des Unfalls den Besitz an den 10 Körben noch nicht erlangt. *Demnach* ist die Gefahr nicht auf ihn nach § 446 Satz 1 übergegangen. *Also* ist der Kaufpreisanspruch des W gemäß § 326 I 1 entfallen. Der W kann *also* von R keine Zahlung des Kaufpreises in Höhe von 4.350 € aus § 433 II verlangen.

Abwandlung 2

Wie *Abwandlung 1*. Jedoch war vereinbart, dass der R die Körbe in Köln abholen sollte, was er aber nicht tat. Nach Eintritt des Annahmeverzugs schickt der verärgerte W dem R die Körbe nach München. Unterwegs werden sie wie im Ausgangsfall zerstört. Kann W Zahlung des Kaufpreises in Höhe von 4.350 € von R fordern?

W könnte gegen R einen Anspruch aus § 433 II auf Zahlung des Kaufpreises in Höhe von 4.350 € haben.

Voraussetzung hierfür ist, dass der Anspruch entstanden und nicht untergegangen ist.

1) W und R haben sich über den Abschluss eines **Kaufvertrages** geeinigt. Der Kaufpreisanspruch aus § 433 II ist *demnach* entstanden.

2) Der Anspruch könnte gemäß **§ 326 I Satz 1** entfallen sein.

a) Wie im Ausgangsfall festgestellt, braucht der W gemäß § 275 I das Eigentum und den Besitz an den Körben nicht mehr zu übertragen. *Somit* könnte der Anspruch auf die Gegenleistung in Höhe von 4.350 Euro gemäß § 326 I 1 entfallen sein.

b) Der Kaufpreisanspruch des W bleibt jedoch unter den Voraussetzungen des **§ 447** ausnahmsweise bestehen. § 447 müsste zunächst **anwendbar** sein. Nach **§ 474 II Satz 2** ist § 447 nicht anwendbar, wenn ein Verbraucher von einem Unternehmer eine bewegliche Sache kauft, sog. *Verbrauchsgüterkauf.*

aa) Verbraucher ist gemäß **§ 13** jede natürliche Person, die ein Rechtsgeschäft zu einem Zweck abschließt, der weder ihrer gewerblichen noch ihrer selbständigen beruflichen Tätigkeit zugerechnet werden kann.

bb) Unternehmer ist nach **§ 14 I** eine natürliche oder juristische Person oder eine rechtsfähige Personengesellschaft, die bei Abschluss eines Rechtsgeschäfts in Ausübung ihrer gewerblichen oder selbständigen beruflichen Tätigkeit handelt.

Vorliegend kaufte R die Hundekörbe als Spende für das örtliche Tierheim. Er handelte *also* nicht in Ausübung einer gewerblichen oder selbständigen beruflichen Tätigkeit und war daher „Verbraucher" i.S.d. §§ 13, 474 I. *Daher* ist § 447 nicht anwendbar. Folglich bleibt der Kaufpreisanspruch nicht ausnahmsweise nach § 447 bestehen.

c) Der Kaufpreisanspruch des W bleibt auch unter den Voraussetzungen des **§ 446** ausnahmsweise bestehen. Da § 474 II 2 den § 446 nicht nennt, ist § 446 auch anwendbar, wenn ein Verbraucher von einem Unternehmer kauft (Verbrauchsgüterkauf).

Nach § 446 Satz 1 geht die Gefahr grds. erst dann auf den Käufer über, wenn ihm die Sache **übergeben** worden ist, er also den *Besitz* daran erlangt hat. R hat aber vorliegend aufgrund des Unfalls den Besitz an den 10 Körben noch nicht erlangt. *Demnach* ist die Gefahr nicht auf ihn nach § 446 Satz 1 übergegangen.

Nach **§ 446 Satz 3** steht es der Übergabe gleich, wenn der Käufer sich im **Annahmeverzug** befindet. Laut Sachverhalt befand R sich zum Zeitpunkt des Unfalls im Annahmeverzug.

Die Gefahr eines zufälligen Untergangs war zum Unfallzeitpunkt also auf R übergegangen. Den Angestellten des W traf laut Sachverhalt kein Verschulden, so dass der Untergang der Körbe auch „zufällig" i.S.d. § 446 Satz 1 war. *Also* ist der Kaufpreisanspruch des W nicht gemäß § 326 I 1 entfallen (vgl. auch den „Annahmeverzug" in § 326 II 1). Der W kann *also* von R Zahlung des Kaufpreises in Höhe von 4.350 € aus § 433 II verlangen.

Fazit: Der Versendungskauf wirft eine Reihe von Fragen auf: Zunächst ist zu klären, ob § 447 überhaupt *anwendbar* ist. § 447 ist bei einem Verbrauchsgüterkauf (§ 474 I) nicht anwendbar (§ 474 II 2). Problematisch ist bei § 447, ob dieser auch dann Anwendung findet, wenn *firmeneigenes Personal* den Transport durchführt. Stets zu erörtern ist die Frage, ob der Untergang *zufällig* erfolgt ist. Zufall scheidet aus, wenn der Unternehmer den Untergang zu vertreten hat. Es ist sachgerecht, die Transportperson (eigener Mitarbeiter oder Spediteur) regelmäßig nicht als Erfüllungsgehilfen gemäß § 278 anzusehen, da der Transport bei einer Schickschuld nicht mehr zum Pflichtenkreis des Verkäufers gehört.

▶ **Literatur**

📖 Wertenbruch, **JuS** 2003, 625 (Grundfälle zu § 447)

Fall 18: Angie im Glück

▶ **Standort:** Schutzpflichtverletzung, Annahmeverzug

„Angie" (A) plant eine Weihnachtsansprache. Um vor der Kamera endlich einmal glänzend dazustehen, begibt sie sich mit ihrer zerknitterten Bluse in die berliner Textilreinigung „Weißer Riese". Die dort angestellte „Ariella" wird das Geschäft am 23.12. wegen der Weihnachtsferien für zwei Wochen schließen. „Ariella" vereinbart also mit der A, dass A die Bluse spätestens am 23.12. abholen muss. Am 23.12. ist die A jedoch so sehr mit Christmas-Shopping beschäftigt, dass sie vor lauter Glück völlig ihre Bluse vergisst. Am 24.12. hat A die Bluse immer noch nicht abgeholt. An diesem Tag will „Ariella" die Bluse zum Schutz vor Schmutz etc. in den Schrank legen, lässt dabei aber versehentlich eine Zigarette fallen. Es entsteht ein großes Brandloch, welches nicht mehr zu reparieren ist. „Angie" verlangt nun 100 € Schadensersatz von Peter Proppermann (P), dem Inhaber der Reinigung. P verweigert dies, da er „Ariella" sorgfältig ausgesucht und überwacht und „Ariella" nachweislich zwar fahrlässig aber nicht grob fahrlässig gehandelt hat. Zu Recht?

I. Anspruch der A gegen P auf Schadensersatz aus §§ 280 I, 241 II
1. Wirksamer Werkvertrag (§ 631) zwischen P und A (+)
2. Pflichtverletzung des P: Zurechnung des Handelns der Ariella, § 278?
    a) Anwendbarkeit des § 278 auf Pflichtverletzungen (+)
    b) Ariella Erfüllungsgehilfin des P gemäß § 278 (+)
    c) Ariella hat eine Schutzpflicht verletzt, indem sie die Zigarette fallen ließ
    d) Ergebnis: Pflichtverletzung Ariellas wird P über § 278 zugerechnet
3. Nichtvertretenmüssen des P, § 280 I 2
    a) Fahrlässigkeit Ariellas wird P über § 278 zugerechnet
    b) P hat nur Vorsatz und *grobe Fahrlässigkeit* zu vertreten, wenn sich die A im Annahmeverzug gemäß §§ 293 ff. befunden hat, § 300 I
    aa) Angebot der Ariella gemäß §§ 294 ff.
    bb) P war zur Leistung bereit und imstande, § 297
    cc) A hat die Bluse nicht abgeholt, § 293
    dd) Ergebnis: Wegen Annahmeverzugs hat P nur Vorsatz und grobe Fahrlässigkeit zu vertreten, § 300 I
4. Ergebnis: Die A hat gegen P keinen Anspruch aus §§ 280 I, 241 II

II. Anspruch der A gegen P auf Schadensersatz aus § 831 I 1
1. Ariella war Verrichtungsgehilfe des P
2. Ariella hat eine tatbestandsmäßige, rechtswidrige unerlaubte Handlung vorgenommen; ein Verschulden der Ariella ist nicht notwendig!
3. Ariella handelte in Ausführung der Verrichtung
4. P hat aber einen Entlastungsbeweis gemäß § 830 I 2 erbracht
5. Ergebnis: A hat gegen P keinen Anspruch aus § 831 I 1

I. A könnte gegen P einen Anspruch aus §§ 280 I, 241 II auf Schadensersatz in Höhe von 100 € haben.

1) P, gemäß § 164 I vertreten durch seine Angestellte Ariella, hat mit A einen **wirksamen Werkvertrag** gemäß § 631 geschlossen, da ein Erfolg – Reinigung der Bluse – geschuldet war.

2) Der P müsste eine **Pflicht verletzt** haben. P selbst hat nicht gehandelt. Möglicherweise wird ihm jedoch das Fehlverhalten der Ariella über § 278 zugerechnet.

a) § 278 müsste auf Pflichtverletzungen anwendbar sein. Nach dem Wortlaut des § 278 kann lediglich ein „Verschulden" und nicht etwa eine „Pflichtverletzung" zugerechnet werden. Jedoch erscheint ein Verschulden ohne Pflichtverletzung nicht denkbar, so dass § 278 zumindest analog Anwendung findet.

b) Ariella müsste Erfüllungsgehilfin des P gewesen sein.

Erfüllungsgehilfe ist, wer mit Wissen und Wollen des Schuldners für diesen in dessen Pflichtenkreis tätig wird.

Ariella war im Laden des P als Reinigungs- und Verkaufskraft angestellt und somit sein Erfüllungsgehilfe.

c) Ariella müsste eine **Pflicht verletzt** haben. In Betracht kommt die Verletzung eine **Schutzpflicht** gemäß § 241 II.

Gemäß § 241 II kann das Schuldverhältnis nach seinem Inhalt jeden Teil zur Rücksicht auf die Rechte, Rechtsgüter und Interessen des anderen Teils verpflichten. Nach dieser Vorschrift war Ariella verpflichtet, dafür Sorge zu tragen, dass die Bluse nicht beschädigt wurde (Schutzpflicht). Diese Pflicht hat sie verletzt, indem sie die Zigarette auf die Bluse fallen ließ.

d) Ergebnis: Die Pflichtverletzung der Ariella wird dem P über § 278 zugerechnet.

3) Der P muss gemäß **§ 280 I Satz 2** beweisen, dass er die Pflichtverletzung **nicht zu vertreten** hat.

a) Nach **§ 276 I S. 1** hat der Schuldner grundsätzlich **Vorsatz und Fahrlässigkeit** zu vertreten. Ariella, deren Verschulden über § 278 dem P zugerechnet wird, hat hier fahrlässig gehandelt, so dass P grundsätzlich der A den entstandenen Schaden ersetzen muss.

b) Das Vertretenmüssen des P ist jedoch gemäß **§ 300 I** auf Vorsatz und *grobe Fahrlässigkeit* beschränkt, wenn sich A im Zeitpunkt der Beschädigung der Bluse im **Gläubigerverzug** gemäß **§§ 293 ff.** befand. Dazu müssten die Voraussetzungen des Gläubigerverzuges vorliegen.

aa) Ariella muss die Leistung **angeboten haben**. Ein tatsächliches Angebot gemäß § 294 hat Ariella nicht abgegeben. Nach § 295 reicht jedoch ein wörtliches Angebot aus, wenn es sich um eine Holschuld handelt. Ariella und A hatten vereinbart, dass A die Bluse abholen sollte. Eine Holschuld lag *also* vor. Ariella hat jedoch auch kein wörtliches Angebot abgegeben.

Ein Angebot ist aber nach **§ 296 entbehrlich**, wenn die vom Gläubiger vorzunehmende Handlung kalendermäßig bestimmt ist. Ariella und A hatten vereinbart, dass die Bluse spätestens am 23.12. abgeholt werden müsse. *Somit* war der Termin kalendermäßig bestimmt. *Also* war das Angebot entbehrlich.

bb) P war am 23.12. gemäß § 297 zur **Leistung bereit und imstande.**

cc) A hat die Bluse **nicht abgeholt** und befand sich *deshalb* mit Beginn des 24.12. im Gläubigerverzug, § 293. *Folglich* beschränkte sich nach § 300 I die Haftung des P auf *Vorsatz* und *grobe Fahrlässigkeit.* Ariella hat jedoch nur *fahrlässig* (und nicht etwa *grob* fahrlässig) gehandelt, *so dass* P die Beschädigung der Bluse nicht zu vertreten hat.

4) Ergebnis: Ein Anspruch der A gegen P aus §§ 280 I, 241 II scheidet aus.

II. A könnte gegen P einen Anspruch aus § 831 I 1 auf Schadensersatz in Höhe von 100 € haben.

Dann müsste Ariella als Verrichtungsgehilfin des P eine rechtswidrige unerlaubte Handlung gegenüber A begangen haben.

1) Ariella müsste zunächst **Verrichtungsgehilfe** des P gewesen sein.

Verrichtungsgehilfe ist, wer mit Wissen und Wollen des Geschäftsherrn in dessen Geschäftsbereich *weisungsabhängig* tätig ist.

Ariella war im Geschäft des P für diesen weisungsabhängig tätig und somit Verrichtungsgehilfin i. S. d. § 831 I 1.

2) Ariella müsste eine **rechtswidrige unerlaubte Handlung** gegenüber A begangen haben. Ein *Verschulden* des Verrichtungsgehilfen ist im Rahmen des § 831 I 1 nicht notwendig!

a) Es müsste ein in § 823 I genanntes **Rechtsgut** verletzt worden sein. Durch den Brand wurde das **Eigentum** der A an der Bluse verletzt.

b) Kausal für diese Rechtsgutverletzung muss das Handeln der Ariella gewesen sein.

> **Kausalität** ist zu bejahen, wenn das Fallenlassen der Zigarette nicht *hinweggedacht* werden kann, ohne dass der Erfolg – das Brandloch - entfiele.

Das Fallenlassen der Zigarette kann nicht hinweggedacht werden, ohne dass der Erfolg entfiele. Das Fallenlassen war *also* kausal für das Brandloch.

c) Rechtfertigungsgründe sind nicht ersichtlich, *so dass* auch die **Rechtswidrigkeit** von Ariellas Handlung gegeben ist. Eine tatbestandsmäßige, rechtswidrige unerlaubte Handlung der Ariella liegt *folglich* vor.

3) Der Verrichtungsgehilfe muss in **Ausführung der Verrichtung** gehandelt haben und nicht nur bei Gelegenheit. Dies ist bei Ariella gegeben.

4) Die Ersatzpflicht tritt gemäß **§ 831 I 2** nicht ein, wenn der Geschäftsherr bei der **Auswahl** der bestellten Person und, sofern er Vorrichtungen oder Gerätschaften zu beschaffen oder die Ausführung der Verrichtung zu leiten hat, bei der Beschaffung oder der **Leitung** die im Verkehr erforderliche Sorgfalt beobachtet. Der Geschäftsherr haftet also, es sei denn, ihm gelingt der **Entlastungsbeweis.** Laut Sachverhalt hat der P Ariella sorgfältig ausgesucht und überwacht.

5) Ergebnis: Ein Anspruch aus § 831 I 1 scheidet *also* aus.

▶ **Literatur**

von Koppenfels, **JuS** 2002, 569 (Top-Anfänger-Klausur)
Schreiber, **Jura** 1987, 647 (Grundfälle zu §§ 278, 831)

Fall 19: Missglückte Hochzeitsnacht, Teil 1

▸ **Standort:** Kaufrechtliche Gewährleistung, Rücktritt, Verhältnis
  zur Anfechtung

Anlässlich seiner bevorstehenden Hochzeit kauft William
(W) bei V in München ein Designer-Doppelbett Marke „Flöt-
Anton", Modell „2gether4ever" für 7.777 € bar. Leider bricht
das Bett schon in der Hochzeitsnacht zusammen, was nicht
etwa an W's Hüftschwung, sondern nachweislich an einem
Materialfehler liegt. W bittet den V, das Bett – was problemlos möglich ist - zu reparieren, setzt hierfür jedoch keine
Frist. Da V sich hartnäckig weigert, überlegt W nun, ob er
nach einer Rücktrittserklärung oder Anfechtung die 7.777 €
von V zurückverlangen kann.

Anspruch d. W gegen V auf Rückzahlung aus §§ 346 I, 437 Nr.2, 323

1. Wirksamer Kaufvertrag zwischen W und V (+)
2. Rücktrittsgrund erfordert Mangel (§ 434) bei Gefahrübergang (§ 446)
   a) Sachmangel gemäß § 434 I 1 (-)
   b) Sachmangelgemä0 § 434 I 2 Nr. 1 (-)
   c) Sachmangel gemäß § 434 I 2 Nr. 2 (+)
   d) Mangel lag bei Gefahrübergang (Übergabe, § 446 S. 1) vor
   e) Ergebnis: Ein Rücktrittsgrund liegt vor
3. Ausschluss der Gewährleistung, z.B. gemäß durch AGBen
   oder durch §§ 442, 445 BGB, § 377 HGB (-)
4. Rücktrittserklärung (§ 349) müsste W noch abgeben
5. Musste W eine Frist zur Nacherfüllung setzen?
   a) Wenn Mangelbeseitigung unmöglich ist, ist Fristsetzung entbehrlich,
      §§ 437 Nr. 2, 326 V
   b) Wenn Mangelbeseitigung möglich ist, ist Fristsetzung notwendig,
      §§ 437 Nr. 2, 323 I
   c) Hier war Mangelbeseitigung möglich, also Fristsetzung
      grds. erforderlich; Ausnahme: Wegen Weigerung des V Frist-
      setzung ausnahmsweise entbehrlich, § 323 II Nr. 1
6. Ausschluss des Rücktritts gemäß § 323 V S. 2 oder § 323 VI (-)
7. Ergebnis: W hat gegen V einen Anspruch aus §§ 346 I, 437 Nr. 2, 323

Anspruch des W gegen V auf Rückzahlung aus § 812 I 1, 1. Alt.

1. V hat Besitz am Geld und damit „etwas erlangt"
2. Dies geschah durch Leistung des W
3. Ohne Rechtsgrund ist die Leistung erfolgt, wenn der Kaufvertrag wegen
   Anfechtung nichtig ist, § 142 I; Anfechtungsgrund?

a) § 119 I greift nicht ein, da dem W kein Irrtum unterlaufen ist
b) § 119 II ist nicht anwendbar, weil ansonsten die speziellen
   kaufrechtlichen Regelungen (z.B. Verjährung) umgangen werden
   könnten
4. Ergebnis: W hat keinen Anspruch aus § 812 I 1, 1. Alt.

W könnte gegen V gemäß §§ 346 I, 437 Nr. 2, 323 einen Anspruch auf Rückgewähr des Kaufpreises in Höhe von 7.777 € haben.

1) W und V haben einen **wirksamen Kaufvertrag** geschlossen.

2) Ein **Rücktrittsgrund** liegt gemäß § 437 Nr. 2 vor, wenn das Bett schon bei Gefahrübergang, also gemäß § 446 Satz 1 bei Übergabe, mangelhaft gewesen ist.

a) Ein **Sachmangel** ist nach **§ 434 I Satz 1** gegeben, wenn das Bett die **vereinbarte Beschaffenheit** nicht hat. W und V hatten keine Vereinbarung über die Beschaffenheit des Bettes getroffen.

b) Eine **bestimmte Verwendung** nach § 434 I 2 Nr. 1 war nach dem Vertrag ebenfalls nicht vorausgesetzt.

c) Nach **§ 434 I Satz 2 Nr. 2** leidet das Bett jedoch auch dann unter einem Sachmangel, wenn es sich nicht für die **gewöhnliche Verwendung** eignet und nicht eine Beschaffenheit aufweist, die bei Sachen der gleichen Art **üblich** ist und die der Käufer nach der Art der Sache **erwarten** kann.

Ein Bett, das aufgrund eines Materialfehlers zusammenbricht, eignet sich nicht für die gewöhnliche Verwendung und weist auch nicht die übliche, vom Käufer zu erwartende Beschaffenheit auf. *Somit* ist das Bett mangelhaft.

Tipp: § 434 ist somit in dieser Reihenfolge durchzuprüfen:
1) 434 I 1 -> **2)** § 434 I 2 Nr. 1-> **3)** § 434 I 2 Nr. 2

d) Der Mangel müsste bereits **bei Gefahrübergang** vorgelegen haben, darf also nicht erst später bei W entstanden sein.

Gemäß **§ 446 Satz 1** geht die Gefahr regelmäßig mit der **Übergabe** der Sache auf den Käufer über.

Der Materialfehler lag bereits bei Übergabe und damit **bei Gefahrübergang** vor.

e) Ein **Rücktrittsgrund** liegt *also* vor.

3) Ein **Ausschluss der Gewährleistung**, z.B. gemäß durch AGBen oder durch §§ 442, 445 BGB, § 377 HGB ist nicht ersichtlich.

Tipp: Diesen Punkt nur ansprechen, wenn der Sachverhalt entsprechende Hinweise auf einen Gewährleistungsausschluss enthält.

4) Eine **Rücktrittserklärung** (§ 349) müsste W noch abgeben.

5) Fraglich ist, ob der W dem V eine **Frist zur Nacherfüllung** setzen musste. Dies hängt davon ab, ob ein *behebbarer* oder ein *unbehebbarer* Mangel vorlag.

a) Bei einem *unbehebbaren Mangel* (d.h. Unmöglichkeit der Nacherfüllung) ist gemäß §§ 437 Nr. 2, 326 V eine Fristsetzung entbehrlich, da in diesem Fall das Setzen einer Frist keinen Sinn machen würde.

b) Bei einem *behebbaren Mangel* ist nach §§ 437 Nr. 2, 323 I hingegen eine Fristsetzung erforderlich. Der Verkäufer soll dadurch die Möglichkeit erhalten, die Sache – wie gemäß § 433 I 2 geschuldet - frei von Sachmängeln zu verschaffen.

c) Vorliegend war eine Reparatur des Bettes laut Sachverhalt problemlos möglich. Der W müsste dem V gemäß § 323 I Satz 1 *also* eine **angemessene Frist** zur Nacherfüllung gesetzt haben. Laut Sachverhalt hat der W eine solche Frist nicht gesetzt.

Gemäß **§ 323 II Nr. 1** ist eine **Fristsetzung** jedoch **entbehrlich**, wenn der Schuldner die Leistung ernsthaft und endgültig verweigert.

Laut Sachverhalt weigert sich der V hartnäckig, für Abhilfe zu sorgen. *Also* war die Fristsetzung entbehrlich.

Tipp: Zur Entbehrlichkeit der Fristsetzung vgl. auch § 440!

---

6) Ein **Ausschluss des Rücktritts** gemäß § 323 V S. 2 oder § 323 VI ist nicht ersichtlich.

7) Rechtsfolge des Rücktritts ist gemäß **§ 346 I**, dass die empfangenen Leistungen zurückzugewähren sind. *Folglich* kann der W von V nach Erklärung des Rücktritts Rückzahlung der gezahlten 7.777 € aus §§ 346 I, 437 Nr. 2, 323 verlangen.

W könnte gegen V einen Anspruch aus § 812 I 1, 1. Alt. auf Rückzahlung des Kaufpreises in Höhe von 7.777 € haben.

1) V hat Eigentum und Besitz am Geld und damit **etwas erlangt**.

2) Dies müsste durch eine **Leistung** des W geschehen sein.

Unter „**Leistung**" versteht man die bewusste und zweckgerichtete Vermehrung fremden Vermögens.

W hat geleistet, um seine Verpflichtung aus dem Kaufvertrag zu erfüllen, also bewusst und zweckgerichtet. Eine Leistung des W an V liegt *also* vor.

3) Ohne Rechtsgrund ist die Leistung erfolgt, wenn W seine Willenserklärung anficht, so dass das Rechtsgeschäft gemäß § 142 I **nichtig** ist. Dann müsste dem W ein **Anfechtungsgrund** zustehen.

a) Der W könnte gemäß § 119 I den Kaufvertrag anfechten, wenn er im Zeitpunkt der Abgabe der Willenserklärung etwas anderes erklärt hat als er erklären wollte. W hat erklärt, er wolle das Bett für 7.777 € erwerben. Diese Erklärung wollte er auch abgeben. Somit fallen das Erklärte und das Gewollte nicht auseinander.

b) Möglicherweise kann W seine Erklärung gemäß **§ 119 II** (Eigenschaftsirrtum) anfechten. Fraglich ist aber, ob § 119 II überhaupt anwendbar ist.

Hiergegen spricht einmal, dass dann die zweijährige **Verjährungsfrist** des § 438 I Nr. 3 unterlaufen würde und andererseits der Käufer auch anfechten könnte, wenn sein Irrtum auf grober Fahrlässigkeit beruhte. Dadurch könnte er auch § 442 I S. 2 umgehen.

Es ist *daher* herrschende Meinung, dass die kaufrechtlichen Gewährleistungsvorschriften (§§ 434 ff.) bei Vorliegen eines Sachmangels eine Anfechtung des Käufers wegen Irrtums über Eigenschaften der Kaufsache (§ 119 II) ausschließen.

Somit steht dem W auch der Anfechtungsgrund des § 119 II nicht zu. Weitere Anfechtungsgründe sind nicht ersichtlich. W kann das Rechtsgeschäft *also* nicht anfechten. *Demnach* erfolgte die Zahlung mit Rechtsgrund.

4) Ergebnis: W hat gegen V *folglich* keinen Anspruch auf Rückzahlung des Kaufpreises aus § 812 I 1, 1. Alt.

Fall 20: Missglückte Hochzeitsnacht, Teil 2

▸ **Standort:** Kaufrechtliche Gewährleistung, Minderung, Mangel-
und Mangelfolgeschäden

Wie **Fall 19**, jedoch: Als das Bett, das wegen des Mangels 777 € weniger wert war, zusammenbrach, verstauchte sich W das Hüftgelenk. Die nachfolgende Krankengymnastik kostete 500 €. V verweigert die Nacherfüllung. W fragt, ob er ohne Fristsetzung

I. den Kaufpreis mindern kann,
II. die Kosten für die Krankengymnastik (500 €) und
III. 777 € Schadensersatz von V fordern kann.

Bearbeitungshinweis: Es sind nur **vertragliche** Ansprüche zu prüfen!

I. Minderungsrecht des W aus §§ 437 Nr. 2, 441
1. Wirksamer Kaufvertrag zwischen W und V
2. Minderungsgrund (+) wegen Sachmangel (§ 434) des Bettes
3. Minderungserklärung des W muss noch erfolgen
4. Frist, § 323 I, hier entbehrlich gemäß § 323 II 1
5. Rechtsfolge: Minderungsrecht des W (+)

II. Anspruch des W gegen V auf Ersatz der 500 €, § 437 Nr. 3, 280 I
1. Wirksamer Kaufvertrag zwischen W und V
2. Pflichtverletzung des V durch mangelhafte (§ 434) Lieferung
3. Kein Ausschluss der Gewährleistung
4. Vertretenmüssen des V wird vermutet, § 280 I 2
5. Schaden des W: Mangelfolgeschaden, da Gesundheit betroffen ist
6. Fristsetzung beim Mangelfolgeschaden nicht erforderlich
7. Ergebnis: Anspruch aus § 437 Nr. 3, 280 I (+)

III. Anspr. des W gegen V auf Ers. v. 777 €, §§ 437 Nr. 3, 280 I, III, 281 I
1. Wirksamer Kaufvertrag zwischen W und V
2. Pflichtverletzung des V durch mangelhafte (§ 434) Lieferung
3. Kein Ausschluss der Gewährleistung
4. Vertretenmüssen des V wird vermutet, § 280 I 2
5. Schaden des W: Mangelschaden, da Bett 777 € weniger wert ist
6. Fristsetzung bei behebbarem Mangelschaden grds. erforderlich gemäß §§ 437 Nr. 3, 280 I, III, 281 I 1; hier jedoch gemäß § 281 II entbehrlich
7. Ergebnis: Anspruch aus § 437 Nr. 3, 280 I, III, 281 I 1 (+)

I. W könnte ein Minderungsrecht gemäß §§ 437 Nr. 2, 441 haben.

1) W und V haben einen **wirksamen Kaufvertrag** geschlossen.

2) Ein **Minderungsgrund** liegt gemäß § 437 Nr. 2 vor, wenn das Bett schon bei Gefahrübergang, also gemäß § 446 Satz 1 bei Übergabe, mangelhaft gewesen ist.

a) Ein **Sachmangel** ist nach **§ 434 I Satz 1** gegeben, wenn das Bett die **vereinbarte Beschaffenheit** nicht hat. W und V hatten keine Vereinbarung über die Beschaffenheit des Bettes getroffen.

b) Eine **bestimmte Verwendung** nach § 434 I 2 Nr. 1 war nach dem Vertrag ebenfalls nicht vorausgesetzt.

c) Nach **§ 434 I Satz 2 Nr. 2** leidet das Bett jedoch auch dann unter einem Sachmangel, wenn es sich nicht für die **gewöhnliche Verwendung** eignet und nicht eine Beschaffenheit aufweist, die bei Sachen der gleichen Art **üblich** ist und die der Käufer nach der Art der Sache **erwarten** kann.

Ein Bett, das aufgrund eines Materialfehlers zusammenbricht, eignet sich nicht für die gewöhnliche Verwendung und weist auch nicht die übliche, vom Käufer zu erwartende Beschaffenheit auf. *Somit* ist das Bett mangelhaft.

> **Tipp:** § 434 ist somit in dieser Reihenfolge durchzuprüfen: **1)** 434 I 1 -> **2)** § 434 I 2 Nr. 1-> **3)** § 434 I 2 Nr. 2

d) Der Mangel müsste bereits **bei Gefahrübergang** vorgelegen haben, darf also nicht erst später bei W entstanden sein.

> Gemäß **§ 446 Satz 1** geht die Gefahr regelmäßig mit der **Übergabe** der Sache auf den Käufer über.

Der Materialfehler lag bereits bei Übergabe und damit **bei Gefahrübergang** vor.

e) Ein Minderungsgrund gemäß § 437 Nr. 2 liegt *also* vor.

3) Eine **Minderungserklärung** müsste W noch abgeben.

4) Frist

> Daraus, dass der Käufer gemäß § 441 I Satz 1 nur „**statt**" **des Rücktritts** die Minderung erklären kann folgt, dass der Käufer wie beim Rücktritt nach § 323 I im Regelfall eine **Frist setzen** muss.

Laut Sachverhalt hat der W eine solche Frist nicht gesetzt. Gemäß **§ 323 II Nr. 1** ist eine **Fristsetzung** jedoch **entbehrlich**, wenn der Schuldner die Leistung ernsthaft und endgültig verweigert. Laut Sachverhalt weigert sich der V, für Abhilfe zu sorgen. Also war die Fristsetzung entbehrlich.

5) Durch die Minderung wird gemäß **§ 441 III** der Kaufpreis in dem Verhältnis herabgesetzt, in welchem zur Zeit des Vertragsschlusses der Wert der Sache in mangelfreiem Zustand zu dem wirklichen Wert gestanden haben würde. **Ergebnis:** W kann gemäß § 437 Nr. 2, 441 I 1 mindern.

Tipp: In einer Klausur, in der das Thema „Minderung" behandelt wird, sind stets drei Fragen auseinander zu halten:

-> Kann der Käufer mindern? -> §§ 437 Nr. 2, 434, 441
-> Kann der Käufer nach Erklärung der Minderung Rückzahlung des zuviel gezahlten Kaufpreises verlangen? -> §§ 346, 441 IV, 437 Nr. 2, 434
-> Kann der Verkäufer vom Käufer trotz Minderungserklärung weiterhin Zahlung des vollen, noch nicht gezahlten Kaufpreises verlangen? -> Der Anspruch des Verkäufers aus § 433 II ist *nicht durchsetzbar*, wenn der Käufer erfolgreich die Minderung erklärt hat!

> **Tipp:** Der Käufer kann auch dann den Kaufpreis mindern, wenn nur ein *geringfügiger Mangel* vorliegt. Dies ergibt sich aus § 441 I 2, der § 323 V S. 2 bei der Minderung für unanwendbar erklärt!

II. W könnte gegen V gemäß §§ 437 Nr. 3, 280 I einen Anspruch auf Ersatz der Behandlungskosten haben.

1) W und V haben einen **wirksamen Kaufvertrag** geschlossen.

2) V hat eine **Pflicht verletzt,** indem er dem W entgegen § 433 I 2 ein Bett lieferte, das einen Materialfehler aufwies. Der Materialfehler stellt einen Sachmangel i.S.d. § 434 I 2 Nr. 2 dar und bestand bereits zur Zeit des Gefahrübergangs (Übergabe = § 446).

3) Ein Ausschluss der Gewährleistung ist nicht ersichtlich.

4) Der V hat die Pflichtverletzung mangels gegenteiliger Angaben im Sachverhalt **zu vertreten,** § 280 I 2.

5) Dem W müsste ein **Schaden** entstanden sein. In Betracht kommt ein sog. *Mangelfolgeschaden.*

> Ein **Mangelfolgeschaden** liegt vor, wenn ein Mangel an der gekauften Sache dazu führt, dass eine *andere Sache* oder ein *anderes Rechtsgut* des Käufers beschädigt wird.

Vorliegend wurden der *Körper* und die *Gesundheit* des W beschädigt, ein *Mangelfolgeschaden* liegt also vor.

6) Fraglich ist, ob W erfolglos eine **angemessene Frist** zur Leistung setzen musste.

> Im Falle eines *Mangelfolgeschadens* kann der Käufer jedoch seinen Schaden als Schadensersatz *neben der Leistung* **ohne jede Fristsetzung** verlangen.

Der W musste dem V also keine Frist setzen.

7) Rechtsfolge ist gemäß **§ 280 I 1**, dass W Schadensersatz in Höhe von 500 € (Behandlungskosten) fordern kann.

III. W könnte gegen V gemäß §§ 437 Nr. 3, 280 I, III, 281 I einen Anspruch auf Schadensersatz in Höhe von 777 € haben.

1. W und V haben einen **wirksamen Kaufvertrag** geschlossen.

2) V hat eine **Pflicht verletzt,** indem er dem W entgegen § 433 I 2 ein Bett lieferte, das einen Materialfehler aufwies. Der Materialfehler stellt einen Sachmangel i.S.d. § 434 I 2 Nr. 2 dar und bestand bereits zur Zeit des Gefahrübergangs (Übergabe = § 446).

3) Ein Ausschluss der Gewährleistung ist nicht ersichtlich.

4) Der V hat die Pflichtverletzung mangels gegenteiliger Angaben im Sachverhalt **zu vertreten,** § 280 I 2.

5) Dem W müsste ein **Schaden** entstanden sein. In Betracht kommt ein sog. *Mangelschaden.*

Ein **Mangelschaden** liegt vor, wenn dem Käufer eine Sache geliefert wird, die einen geringeren Wert als die vertraglich geschuldete hat. Dieser Schaden wird gemäß §§ 437 Nr. 3, 280 I, III, 281 I grds. erst nach erfolgloser Fristsetzung ersetzt.

Das Bett war mangelbedingt 777 € weniger wert. Dem W ist also ein Mangelschaden entstanden.

6) Fristsetzung

Während bei einem *unbehebbaren Mangel* eine Frist zur Nacherfüllung (§ 439) sinnlos wäre und daher nicht gesetzt werden muss (§ 283), ist bei einem *behebbaren Mangel* eine Fristsetzung grds. erforderlich, § 281 I 1. Laut Sachverhalt hat der W eine Frist nicht gesetzt.

> Gemäß **§ 281 II** (vgl. auch § 440) ist eine **Fristsetzung** jedoch **entbehrlich**, wenn der Schuldner die Leistung ernsthaft und endgültig verweigert.

Laut Sachverhalt weigert sich der V hartnäckig, für Abhilfe zu sorgen. Also war die Fristsetzung entbehrlich. Der W musste dem V also keine Frist setzen.

7) Rechtsfolge ist dass W Schadensersatz in Höhe v. 777 € (Minderwert) fordern kann.

> **Fazit:** Es ist insbesondere stets zu prüfen, ob eine Frist gesetzt werden musste. Eine Frist ist nicht erforderlich bei
>
> - einem *unbehebbaren Mangel*, der schon *bei* Vertragsschluss vorlag, §§ 437 Nr. 3, 311 a II (= Anspruchsgrdl.!)
>
> - einem *unbehebbaren Mangel*, der erst *nach* Vertragsschluss vorlag, §§ 437 Nr. 3, 280 I, III, 283 (= Agrdl.!)
>
> - Weigerung des Verkäufers, §§ 281 II, 323 II Nr. 1, 440
>
> - Vorliegen eines Mangelfolgeschadens, § 437 Nr. 3, 280 I

▶ Literatur

📖 Skript **Einführung in das Schuldrecht (BT) 1**
📖 Saenger, **JuS** 2002, 970 (Klausur)
📖 Ebers/Henninger, **Jura** 2006, 58 (Fortgeschrittenen-Klausur)
📖 Wilhelmi, **Jura** 2006, 208 (Fortgeschrittenen-Klausur)
📖 Coester-Waltjen, **Jura** 2002, 534 (Zum Kaufvertrag)
📖 Röthel, **Jura** 2002, 621 (Kaufrecht mit Musterfall)
📖 Schulze/Ebers, **JuS** 2004, 462 (464) (Mangelfolgeschäden)

Hörbuch (Audio-CD)
Basiswissen BGB AT

ISBN 978-3-86724-088-8
7,90 €

Hörbuch (Audio-CD)
Basiswissen Schuldrecht BT

ISBN 978-3-86724-089-5
7,90 €

Einführung in das Bürgerliche Recht

Das BGB einfach erklärt für Anfänger

ISBN 978-3-86724-020-8
7,90 €

Standardfälle Schuldrecht

ISBN 978-3-86724-002-4
7,90 €

Basiswissen Staatsrecht I
Die Grundlagen in über 100
Fragen und Antworten
- Staatsorganisationsrecht -
ISBN 978-3-86724-070-3
7 €

Basiswissen Staatsrecht II
Die Grundlagen in über 100
Fragen und Antworten
- Grundrechte -
ISBN 978-3-86724-071-0
7 €

Standardfälle Staatsrecht I
Zur gezielten Vorbereitung auf die
ersten Klausuren im Staatsrecht
- Staatsorganisationsrecht -
ISBN 978-3-86724-060-4
9,90 €

Standardfälle Staatsrecht II
Zur gezielten Vorbereitung auf die
ersten Klausuren im Staatsrecht
- Grundrechte -
ISBN 978-3-86724-061-1
9,90 €

Standardfälle Strafrecht für Anfänger
- Band 1 -

Zur gezielten Vorbereitung auf die
ersten Klausuren im Strafrecht

ISBN 978-3-86724-040-6
9,90 €

Einführung in das Strafrecht (AT)
Mit Beispielen und Schemata
für den leichten Einstieg

ISBN 978-3-86724-047-5
7,90 €

▶ Unsere 📖 Skripten 📑 Karteikarten 🎧 Hörbücher (CD & MP3)

Zivilrecht

- 📖 Standardfälle für Anfänger (7,90 €)
- 📖 Grundlagen und Fälle BGB für 1. und 2. Sem. (9,90 €)
- 📖 🎧 Standardfälle BGB AT (7,90 €)
- 📖 🎧 Standardfälle Schuldrecht (7,90 €)
- 📖 Standardfälle Ges. Schuldverh., §§ 677, 812,823 (7,90 €)
- 📖 🎧 Standardfälle Sachenrecht (7,90 €)
- 📖 Standardfälle Familien- und Erbrecht (7,90 €)
- 📖 Originalklausuren Übung für Fortgeschrittene (7,90 €)
- 📖 🎧 Basiswissen BGB (AT) (Frage-Antwort) (7 €)
- 📖 🎧 Basiswissen SchuldR (AT) 📖 🎧 SchuldR (BT) (7 €)
- 📖 🎧 Basiswissen Sachenrecht, 📖 🎧 FamR, 📖 🎧 ErbR
- 📖 Einführung in das Bürgerliche Recht (7,90 €)
- 📖 Studienbuch BGB (AT) (9,90 €)
- 📖 Studienbuch Schuldrecht (AT) (9,90 €)
- 📖 Schuldrecht (BT) 1 - §§ 437, 536, 634, 670 ff. (7,90 €)
- 📖 Schuldrecht (BT) 2 - §§ 812, 823, 765 ff. (7,90 €)
- 📖 SachenR 1 – Bewegl. S., 📖 SachenR 2 – Unb. S. (7,9 €)
- 📖 Familienrecht und 📖 Erbrecht (Einführungen) (7,90 €)
- 📖 Streitfragen Schuldrecht (7 €)
- 📖 🎧 Definitionen für die Zivilrechtsklausur (9,90 €)

Strafrecht

- 📖 🎧 Standardfälle für Anfänger Band 1 (9,90 €)
- 📖 Standardfälle für Anfänger Band 2 (7,90 €)
- 📖 Standardfälle für Fortgeschrittene (9,90 €)
- 📖 🎧 Basiswissen Strafrecht (AT) (Frage-Antwort)
- 📖 🎧 Basiswissen Strafrecht BT 1 und 🎧 BT 2 (7 €)
- 📖 Strafrecht (AT) (7,90 €)
- 📖 Strafrecht (BT) 1 – Vermögensdelikte (7,90 €)
- 📖 Strafrecht (BT) 2 – Nichtvermögensdelikte (7,90 €)
- 📖 🎧 Definitionen für die Strafrechtsklausur (7,90 €)
- Irrtümer und Änderungen vorbehalten!

Öffentliches Recht

- 📖 Standardfälle Staatsrecht I – StaatsorgaR (9,90 €)
- 📖 Standardfälle Staatsrecht II – Grundrechte (9,90 €)
- 📖 🎧 Standardfälle f. Anfänger (StaatsorgaR u. GRe) (7,9 €)
- 📖 Standardfälle Verwaltungsrecht (AT) (9,90 €)
- 📖 Standardfälle Polizei- und Ordnungsrecht (7,90 €)
- 📖 Standardfälle Baurecht (7,90 €)
- 📖 Standardfälle Europarecht (9,90 €)
- 📖 Standardfälle Kommunalrecht (7,90 €)
- 📖 🎧 Basiswissen StaatsR I –StaatsorgaR (Fr-Antw.) (7 €)
- 📖 🎧 Basiswissen StaatsR II –GrundR (Frage-Antw.) (7 €)
- 📖 Basiswissen VerwaltungsR AT– (Frage-Antwort) (7 €)
- 📖 Studienbuch Staatsorganisationsrecht (9,90 €)
- 📖 Studienbuch Grundrechte (9,90 €)
- 📖 Studienbuch Verwaltungsrecht AT (9,90 €)
- 📖 Studienbuch Europarecht (12 €) u. 🎧 Basiswissen EuR
- 📖 Staatshaftungsrecht (7,90 €)
- 📖 VerwaltungsR AT 1 – VwVfG u. 📖 AT 2–VwGO (7,90 €)
- 📖 VerwaltungsR BT 1 – POR (7,90 €)
- 📖 VerwaltungsR BT 2 – BauR 📖 BT 3 – UmweltR (7,90 €)
- 📖 🎧 Definitionen Öffentliches Recht (9,90 €)

Steuerrecht

- 📖 Abgabenordnung (AO) (8,90 €)
- 📖 Einkommensteuerrecht (EStG) (9,90 €)
- 📖 Erbschaftsteuerrecht (9,90 €)
- 📖 Steuerstrafrecht/Verfahren/Steuerhaftung (7,90 €)

Sozialrecht

- 📖 Kinder- und Jugendhilferecht (7,90 €)
- 📖 Sozpäd. Diagn.: SPFH & ambul. Hilfen d. KJH
- 📖 Sozialrecht (7,90 €)

Nebengebiete

- 📖 Standardfälle Handels- & GesellschaftsR (7,90 €)
- 📖 Standardfälle Arbeitsrecht (7,90 €)
- 📖 Standardfälle ZPO (8,90 €)
- 📖 🎧 Basiswissen HandelsR (Frage-Antwort) (7 €)
- 📖 🎧 Basiswissen Gesellschaftsrecht (Fra.-Antwort)
- 📖 🎧 Basiswissen ZPO (Frage-Antwort) (7,90 €)
- 📖 🎧 Basiswissen StPO (Frage-Antwort) (7 €)
- 📖 Handelsrecht (7,90 €)
- 📖 Gesellschaftsrecht (7,90 €)
- 📖 Arbeitsrecht (7,90 €)
- 📖 Kollektives Arbeitsrecht (9,90 €)
- 📖 ZPO I – Erkenntnisverfahren (7,90 €)
- 📖 ZPO II – Zwangsvollstreckung (7,90 €)
- 📖 Strafprozessordnung – StPO (7,90 €)
- 📖 Einf. Internationales Privatrecht - IPR (9,90 €)
- 📖 Standardfälle IPR (9,90 €)
- 📖 Einf. Internationales Wirtschaftsrecht (9,90 €)
- 📖 Insolvenzrecht (8,90 €)
- 📖 Gewerbl. Rechtsschutz/Urheberrecht (8,90 €)
- 📖 Wettbewerbsrecht (7,90 €)
- 📖 Ratgeber 500 Spezial-Tipps für Juristen (12 €)
- 📖 Mediation (7,90 €)

Karteikarten (je 8,90 €)

- 📑 Zivilrecht: BGB AT/Grundlagen/ 🎧 Schemata
- 📑 Strafrecht: AT/BT-1/BT-2/Streitfragen
- 📑 Öffentliches Recht: StaatsorgaR/GrundR/VerwR

Assessorexamen

- 📖 Die Relationstechnik (7 €)
- 📖 Der Aktenvortrag im Strafrecht (7,90 €)
- 📖 Der Aktenvortrag im Wahlfach Strafrecht
- 📖 Der Aktenvortrag im Zivilrecht (7,90 €)
- 📖 Der Aktenvortrag im Öffentlichen Recht (7,90 €)
- 📖 Urteilsklausuren Zivilrecht (7,90 €)
- 📖 Staatsanwaltl. Sitzungsdienst & Plädoyer (7,90 €)
- 📖 Die strafrechtliche Assessorklausur (7,90 €)
- 📖 Die Assessorklausur VerwR Bd. 1 (7,90 €)
- 📖 Die Assessorklausur VerwR Bd. 2 (7,90 €)
- 📖 Zwangsvollstreckungsklausuren (7,90 €)
- 📖 Vertragsgestaltung in der Anwaltsstation (7 €)

BWL

- 📖 Einführung i. die Betriebswirtschaftslehre (7,90 €)
- 📖 Marketing (7 €)
- 📖 Organisationsgestaltung & -entwickl. (7,90 €)
- 📖 Internationales Management (7 €)
- 📖 Wie gelingt meine wiss. Abschlussarbeit? (7 €)

Irrtümer und Änderungen vorbehalten!

Schemata

- 📖 Die wichtigsten Schemata-ZivR,StrafR,ÖR (12 €)
- 📖 Die wichtigsten Schemata–Nebengebiete (9,90 €)

Irrtümer und Änderungen vorbehalten!
🎧 bedeutet: auch als **Hörbuch** (Audio-CD oder MP3) lieferbar!

Im **niederle-shop.de** bestellte Artikel treffen idR *nach 1-2 Werktagen* ein!